Märchenorte

Michaela Hanauer

Das Nürnberger Märchenbuch

Sagen, Legenden und Märchen
aus Nürnberg neu erzählt

mit Illustrationen
von Gisela Specht

marzellen
verlag

Bibliografische Information der Deutschen Nationalbibliothek
Die Deutsche Nationalbibliothek verzeichnet diese Publikation
in der Deutschen Nationalbibliografie;
detaillierte bibliografische Daten sind im Internet
über http://dnb.de abrufbar.

Umschlag und alle Illustrationen: Gisela Specht
Satz/Layout: Redaktionsbüro Tewes, Köln
Lektorat: Ruth und Detlef Reich, Köln
Druck: Druckerei Florjancic, Maribor, EU

Printed in EU.
ISBN 978-3-937795-82-9

www.marzellen-verlag.de

Inhalt

Der Raubritter Eppelein 5
Eppeleins Sprung 12
Das Glück am Schönen Brunnen 18
Der „grindige“ Heinz 24
Arm's Wöschdla oder: Auf die Wurst gekommen 30
Der übermütige Sackpfeifer 36
Die Feuertaufe 43
Die blaue Agnes im Sinwellturm 50
Eine Wette mit dem Teufel 57
Die Steckenreiter sind los 65
Die Glocken läuten in Nürnberg 70
Der Abstieg in den tiefen Brunnen 77
Till Eulenspiegel in Nürnberg 84
Die Nacht des Nusskaspars 91
Der Kaiser und der Maler 98
Das Nürnberger Findelkind 103
Das Märchen von der ewigen Liebe 109
Eine Schachtel fürs Christkindle 115

Es war einmal ...

Die Sagen, Legenden und Geschichten in Nürnberg sind jahrhundertealt und doch zum Greifen nah. Immer wieder wurden sie im Volksmund weitererzählt und irgendwann aufgeschrieben. So zeigen sie eine wunderbare Sagen- und Erzählungswelt über die Jahrhunderte auf.

Die Schauplätze des „Nürnberger Märchenbuches" könnt ihr auch heute noch besichtigen und dort viel über die Vergangenheit des jeweiligen Ortes erfahren. Am Ende jedes Märchens wird auf einem solchen Pergament erklärt, welche Orte aus den Geschichten ihr euch heute noch anschauen könnt. Jedes Märchen hat sein eigenes Symbol, das ihr auf dem Lageplan im Einband des Buches wiederfindet. So könnt ihr euch selbst auf Zeitreise begeben und den Spuren der Nürnberger Geschichten folgen.

Der Raubritter Eppelein

Als Kind nahm Eppelein von Gailingen sich vor, ein wahrer und edelmütiger Ritter zu werden. Genau wie sein Vater Konrad, der Schwarze, wollte er seinem Lehnsherrn treu dienen und sich als Kämpfer beweisen. Was hatte er nicht alles von den Kreuzzügen früherer Zeiten gehört, auf denen ein Ritter mit seinem Gefolge seine Tapferkeit unter Beweis stellen konnte und für seinen Mut und seine Heldentaten belohnt wurde. Als gemachte Männer waren die Kreuzritter zurückgekehrt und in ihrem Heimatland bewundert und geschätzt worden.

Eifrig trainierte der junge Eppelein, den seine Eltern eigentlich auf den wohlklingenden Namen Apollonius getauft hatten. Bald führte er das Schwert so sicher wie seine Vorfahren und schwang ebenso geschickt den Morgenstern, auch wenn diese dornenbesetzte Eisenkeule einen schlechten und grausamen Ruf unter Rittern genoss.

Aber vor allem beim Reiten machte ihm niemand etwas vor. Keiner schaffte es je, ihn aus dem Sattel zu heben, und er trieb sein Ross in derart schnellem Galopp, dass dessen Hufe kaum den Boden zu berühren schienen.

An dem Tag, als er den Ritterschlag erhielt und seine Rüstung mit der Sonne um die Wette glänzte, hätte er stolzer nicht sein können. Als adeliger Ritter hatte er von da an stets sich und seine Gefolgsleute für den Kampfeinsatz bereit zu halten, sobald sein Lehnsherr ihn rief. An die vierzehn waffenkundige Mannen folgten dem Eppelein und waren ihm treu ergeben, mussten aber auch ausgerüstet und ernährt werden.

Das war durchaus eine kostspielige Angelegenheit, und leider hatten die Zeiten sich geändert – es standen keine ruhmreichen Kreuzzüge mehr an – das Geld scheffelten inzwischen andere.

Der Handel in den großen Städten wie Nürnberg florierte und ließ die Kaufmannsfamilien immer vermögender und einflussreicher werden.

„Diese Pfeffersäcke werden noch an ihrem eigenen Geld ersticken", grollte Eppelein, als er bei einem Besuch am Markttag mit eigenen Augen ansehen musste, wie ein kleiner Sack, gefüllt mit den dunklen Körnern, in Gold aufgewogen wurde. Der Neid trieb ihn ebenso um wie die Überzeugung, dass die Münzen eigentlich ihm zustünden.

„Wollen doch mal sehen, ob er noch so feist lächelt, wenn er einen Dolch an der Kehle spürt", dachte sich Eppelein und lauerte dem Kaufmann auf dessen Heimweg am Abend auf.

Außerhalb der Stadtmauern, in der Dunkelheit und ohne nennenswerten Geleitschutz war der Herr Pfeffersack völlig wehrlos. Da sprang der Ritter aus einem Gebüsch und bedrohte ihn mit seiner Waffe.

Der Kaufmann war ein geschickter Händler, aber kein mutiger Mann. Er schlotterte und bettelte: „Nehmt alles, was ich habe, aber lasst mich bloß am Leben!"

Eppelein überlegte kurz, ob es nicht besser wäre, den Zeugen zu beseitigen. Andererseits, wer sollte ihm schon etwas anhaben? Immerhin war er ein adeliger Ritter! Der dicke Kaufmann sollte tagsüber ruhig weiter seine Geschäfte treiben und dafür ihm in der Dämmerung seinen Tribut zollen.

Von da an waren kein Kaufmann und keine Fuhre rundum Nürnberg mehr sicher vor Eppelein und den Seinen, im ganzen mittleren Franken war er berüchtigt. Es sprach sich sogar herum, wer der Raubritter war, der die Reichen um ihr Hab und Gut erleichterte. Bloß anhaben konnte man ihm nichts, denn die Häscher kamen immer zu spät und Eppelein konnte sich problemlos nach jedem Raubzug auf eine seiner Burgen zurückziehen.

Immer dreister und gewiefter wurde er. Nicht einmal die Stadtmauern schreckten ihn mehr ab. So geschah es, dass er den Nürnbergern eine ganz besondere Schmach zufügte.

Aufgeregt kam an einem Frühlingstag sein Knappe zu ihm gerannt: „Herr, Herr – habt ihr es schon gehört, sie stellen es wieder aus!"

„Ruhig und der Reihe nach, Jäckel! WER stellt WAS aus?"

„Die Nürnberger ihr Vogelhaus!"

„Ha! Denen werden wir die Prahlerei gründlich verleiden! Tafelt mit mir, meine kühnen Recken und hört meinen Schlachtplan!"

Zu einem Gelage musste man sie nicht lange bitten, dennoch wunderte sich der ein oder andere von ihnen und Wulfrick sprach es halblaut aus: „So viel Aufwand für ein Vogelhäusle?"

„Wart's ab, bis du es siehst, Wulfrick", meinte Jäckel grinsend.

Der Knappe sollte recht behalten. Als sie mittags darauf als einfache Marktleute verkleidet in die Stadt kamen und in eine bestimmte Ecke des Marktplatzes schlenderten, blieb Wulfrick wie vielen anderen Besuchern der Mund offenstehen.

„Allmächd", rutschte es ihm heraus. „Das Ding ist ja aus echtem Silber! Und innen drin sind auch gar keine Vöglein!"

Jäckel lachte und nickte. „Du sagst es! Sie nennen es bloß so wegen seiner Form. Die Goldschmiede und Silberkünstler stellen in dem Häuschen ihre Waren zur Schau, dass es eine wahre Pracht ist! Kein Wunder, dass die Wächter es hüten, als wäre es ihr Augapfel!"

„Geht auf eure Posten!", murmelte Eppelein leise.

Da zerstreuten sich seine Leute in alle Richtungen und kurz darauf war von überall auf dem Platz Streit zu hören. Zuerst brüllten die Zankenden sich nur an, doch dann wurden daraus handfeste Schlägereien. Es flogen die Fäuste und erste Hilferufe schallten über den Platz.

„Wollt ihr denn gar nichts unternehmen?“, herrschte eine stämmige Frau die Wächter an. „Es ist doch eure Aufgabe für Ruhe und Ordnung zu sorgen.“

Damit hatte sie völlig recht. Pflichtschuldig trabten die Wächter los, ein jeder zu einem anderen Einsatzort.

Auf die Gelegenheit hatte Eppelein gewartet. Als ihn niemand mehr beachtete, streckte er sich und riss mit einem kräftigen Ruck das Vogelhaus mitsamt seinem Inhalt an sich. Ein paar kleinere Geschmeide fielen zu Boden, aber darum kümmerte er sich nicht weiter. Er rannte, als würde ihm jemand die Sporen geben, zur Stadt hinaus. Die wenigen, die es im allgemeinen Chaos überhaupt bemerkt hatten, bückten sich lieber schnell, um ein Ringlein oder eine Münze abzugreifen und machten sich dann ebenfalls rasch von dannen.

So kam es, dass erst nach einer geraumen Weile, als alle Raufereien beendet waren und sich die hitzigen Gemüter abgekühlt hatten, einem Goldschmied das Fehlen des Häuschens auffiel.

„Unser Haus ist weg!", jammerte er. „Hat denn keiner aufgepasst?"

„Das war bestimmt der Eppelein!", schnaubte ein Silberschmied. „Der tanzt uns auf der Nas herum, sogar am helllichten Tage!"

Recht hatte er damit, aber ändern konnten sie es lange nicht, die Nürnberger.

Als an jenem Abend Eppelein und seine Helfer zurück auf der Burg waren, bewunderten sie die prächtige Beute und überlegten, was damit nun anzustellen sei.

„Der Schmied soll es einschmelzen, dann bekommt jeder ein Stück!", schlug Wulfrick vor.

„Dafür ist es viel zu schade", widersprach Jäckel. „Stellen wir es lieber auf die höchste Zinne, damit alle unseren Erfolg von Weitem sehen können."

Eppelein beendete die Diskussion. „Teilt den Inhalt unter euch, wie es euch beliebt. Aber das Häuschen lege ich der schönen Elisabeth zu Füßen, damit sie endlich mein Werben erhört."

Tatsächlich erweichte das Brautgeschenk das Herz der Holden, und sie wurde Eppeleins Frau. Davon profitierten auf gewisse Weise sogar die Nürnberger. Elisabeth waren nämlich die Raubzüge ihres Gatten ein Dorn im Auge. Sie wollte nicht ständig Angst um ihn haben, dass er doch einmal geschnappt würde. Eppelein wiederum war schwer verliebt, blieb bei ihr in der Burg und hielt sich fern von der Wegelagerei. Für eine Weile ...

Zum ersten Mal urkundlich erwähnt wird Nürnberg im Jahr 1050. Die Stadt stieg im Mittelalter zu einer der bedeutendsten Reichsstädte des Heiligen Römischen Reichs auf und machte damit dem Adel und seinen Rittern das Leben schwer. Der Handel florierte und mit einem Mal hatten die bürgerlichen Kaufleute das Geld – und das Sagen!

Ritter Eppelein, alias Apollonius von Gailingen, hat tatsächlich gelebt um 1320 bis 1381 und galt auch damals schon als eine Art fränkischer Robin Hood. Wobei er wohl eher für sich selbst, als für die Armen und Unterdrückten plünderte.

Aber auch die Patrizier waren umgekehrt neidisch auf den Adel, weil sie von deren Privilegien ausgeschlossen waren. Zum Beispiel von den prächtigen Ritterturnieren. Deshalb erfand man eine eigene Veranstaltung, das „Gesellenstechen“, ein festliches Lanzenturnier (Tjost), das auf dem Nürnberger Hauptmarkt bis 1561 abgehalten wurde – damals noch „Großer Markt“ genannt.

Eppeleins Sprung

Als die Kassen des Ritters Eppelein nach seiner Hochzeit mit Elisabeth und der Geburt seiner zahlreichen Kinder allzu leer waren, da mussten die Franken wieder so manchen Streich und so manche Plünderei ertragen.

Stiegen dem Eppelein die Erfolge irgendwann zu Kopf und wurde er zu leichtsinnig? Oder hat man ihn verraten, da die Reichsacht über ihn verhängt und auf seinen Kopf eine hohe Belohnung ausgesetzt worden war?

So wäre zu erklären, dass man ihn eines Tages doch schnappen konnte. Wahrscheinlich als er gerade eben aus einer Schenke kam, in der er gezecht hatte. Zusammen mit seinem besonders treuen Knappen Jäckel umringten die Häscher ihn, banden beiden die Hände und führten sie – den Eppelein, auf seinem Pferd sitzend, den Jungen zu Fuß hinter sich herschleifend – in die Stadt.

Sobald die Leute gewahr wurden, wer die Gefangenen waren, jubelten sie dem Tross zu. Am meisten freuten sich die reichen Kaufleute, denn sie hofften, dass von Stund an ihr Geld sicherer sein würde. Sie warfen ihn in den Turm, der als Gefängnis diente und stellten ihn so schnell wie möglich vor Gericht.

Der hohe Rat hörte sich all die Schandtaten an, die der Eppelein auf dem Kerbholz hatte. So manch einer war selbst betroffen und hatte dem Raubritter seine Waren oder seinen Beutel abgeben müssen. Und es gab auch immer noch hämisches Gelächter von Händlern anderer Städte wegen des Vogelhäuschens. Das war kaum zu ertragen!

„An den Galgen mit ihm!“, forderte ein Kaufmann, der den Prozess mitverfolgte.

Der oberste Ratsherr nickte. „Mir scheint, um diese Strafe kommt er nicht herum, zu doll hat er's getrieben in all den Jahren!"

Ein zweiter schlug listig vor. „Wenn er uns das Vogelhäuschen zurückgäbe, könnten wir uns auf lebenslangen Kerker einigen."

Dieser Ratsherr wusste wohl, dass die Übergabe des Vogelhäuschens einem Schuldbekenntnis gleichgekommen wäre, worauf sich der Eppelein nie und nimmer einlassen würde.

Und so kam es, dass der Ritter Eppelein zum Tode verurteilt wurde und man ihn schon ein paar Tage später zum Galgen führte.

Der Jäckel wurde freigesprochen, er schien allen zu jung, um schuldig zu sein. Hatte er doch sicher nur die Befehle seines Herrn befolgt.

„Befolgt er ab heute eben meine Befehle", beschloss einer der Wächter, die den Eppelein geschnappt hatten. Der Wächter überlegte bei sich, ob er den Burschen vielleicht aushorchen könnte, wo der Eppelein seine Reichtümer versteckte. Als Belohnung hatte er außerdem das imposante Ross des Ritters erhalten. Und so bestand die erste Aufgabe von Jäckel darin, eben dieses zu versorgen.

Just als man den Eppelein zum Galgen führte, striegelte Jäckel das Tier auf dem Burghof. Das Pferd erkannte seinen ehemaligen Herrn und ließ ein sehnsüchtiges Wiehern hören.

Das rührte den Eppelein und er wandte sich an seine Wächter.

„Wie steht es mit dem Brauch, einem Todgeweihten seinen letzten Wunsch zu gewähren?"

„Was wünscht Er sich denn?", fragte der oberste Wächter.

„Ach, nicht viel", gab Eppelein sich bescheiden. „Mir wäre es schon getan, wenn ich auf dem Rücken meines eigenen Pferdes zum Galgen reiten dürfte, um Abschied zu nehmen von meinem treuen Tier und der Welt."

Die Wächter berieten sich miteinander, sahen aber keinen Grund, dem Ritter diesen, seinen letzten Wunsch abzuschlagen.

„Er kann uns nicht aus", bekräftigte der Oberste. „Er hat keine Waffen, wir flankieren ihn mit allen Mannen und außerdem ist unsere Burg von einer Mauer und einem tiefen Graben umgeben. Nicht einmal der Leibhaftige könnte entrinnen!" Also ließ man den Burschen das Pferd zäumen und satteln und Eppelein durfte aufsteigen.

Die ersten Schritte verliefen ganz geziemt, alles schien nach Plan zu verlaufen. Doch Eppelein wusste um die unendliche Kraft seines kampferprobten Rosses. Nur kurz trieb er es an und das Tier gehorchte sofort. Bevor seine Bewacher es recht begriffen, hatten die beiden sie hinter sich gelassen und preschten auf die Mauer zu. Ohne zu zögern, sprang das brave Pferd ab, schnellte in die Höhe und setzte über die Mauer hinweg.

Allen, die es sahen, selbst den Wächtern, stockte der Atem. Über die Mauer war das eine, aber nie, niemals konnte er es über den Graben schaffen. Der Absturz schien gewiss. Jede Sekunde würden Ross und Reiter unten aufprallen, statt am Galgen, würde Eppelein im Abgrund sein Ende finden.

„Zu schade um den prächtigen Gaul", dachte der oberste Wächter.

„Oh nein, mein armer Herr!", schluchzte der Jäckel und betete um ein Wunder. Und dieses Wunder geschah. Statt in die Tiefe, flog das Pferd über den Graben, als ob es Flügel hätte. Weiter und weiter. Mit lang gestreckten Beinen landete es schließlich auf der anderen Seite, verharrte einen Augenblick und schüttelte die Mähne. Der Eppelein aber drehte sich halb im Sattel um und rief keck zu den Wächtern und Schaulustigen hinauf: „Die Nürnberger hängen keinen – sie hätten ihn denn zuvor!"

Mit diesen Worten galoppierte er von dannen. Erst jetzt kam Bewegung in seine Gegner. Sie stürmten zu ihren Pferden, behinderten sich in ihrem Übereifer aber selbst oder fanden zufällig – oder mit ein wenig Nachhilfe von einem gewissen Burschen – nicht das richtige Zaumzeug und nahmen erst mit einiger Verzögerung die Verfolgung auf.

Längst war der tollkühne Reiter entschwunden, und auch sein Knappe musste wohl in dem Durcheinander aus einem der Stadttore entschlüpft sein. Noch viele Jahre trieb der Eppelein sein Unwesen und wurde von den einfachen Leuten bewundert und bald schon wie ein Held verehrt, derweil sich die Nürnberger von allen noch lauter als zuvor auslachen lassen mussten.

Erst viel später wurde der Ritter Eppelein schließlich erneut gefasst und in Neumarkt gerichtet.

Noch länger, nämlich über 200 Jahre dauerte es, bis zufällig das Vogelhaus auf einer Burg wiedergefunden und zurück nach Nürnberg gebracht wurde.

Gegeben hat es ihn, den Eppelein, aber ist er auch wirklich gesprungen? Steht man oben an der Stelle in der Burganlage, von der er sich mit seinem Pferd in die Freiheit gestürzt haben soll, dann könnten einem Zweifel kommen. Sehr tief und weit geht es nach unten!

Doch es gibt Beweise: Auf der Burgmauer, wo das brave Ross gelandet ist, sind heute noch Hufabdrücke zu erkennen.

Ob die wiederum echt sind? Oder ob da jemand nachgeholfen hat? Sehenswert sind die Abdrücke allemal, und wer will, kann die Pferdelänge ja selbst einmal nachprüfen ...

Das Glück am Schönen Brunnen

„Unser Brunnen am Großen Markt ist der schönste Brunnen im ganzen Land", behauptete der Ratsdiener und betrachtete voller Stolz die vierzig bemalten Figuren, die auf vier Stockwerken rundum bis zur neunzehn Meter hohen Spitze saßen oder standen. Dazu die Wasserspeier, die ein prächtiges Schauspiel boten.

„So ist es! Er wär eine Verschwendung gewesen als Kirchturmspitze, wo ihn kaum einer je von Nahem gesehen hätte", stimmte ihm einer vom Inneren Rat zu. „Dummerweise gefällt er unseren Besuchern am Markttag so gut, dass ständig einer die Figuren betatscht. Und wir müssen sie dann wieder für viel Geld neu bemalen lassen."

„Ihr Kleinvieh lassen sie ebenfalls aus unserem schönen Brunnen saufen", ereiferte sich ein zweiter Ratsherr. „Überall hinterlassen die Viecher ihren Dreck und Mist."

„Wir brauchen ein Gitter um den Brunnen herum", erklärte der Innere Ratsherr. „Ich hörte just von einem Schlosser in der Stadt, der einen ganz hervorragenden Ruf genießt."

„Kuhn ist ein wahrer Meister seiner Zunft", bestätigte der zweite Ratsherr.

Sie trugen die Sache in ihrer nächsten Sitzung vor. In seltener Einstimmigkeit wurde der Beschluss gefasst und Meister Kuhn beauftragt.

Umgehend machte der sich mit seinen beiden Gesellen und seinem Lehrling ans Werk. Voller Tatendrang waren alle in der Werkstatt, aber sobald des Meisters Frau rief: „Das Abendmahl ist bereit!", ließen Kuhn und seine Gesellen den Hammer fallen und stürmten hungrig ins Wohnhaus. Nur der Lehrling Anderl nicht. Ihn hatte der Ehrgeiz besonders gepackt. Nicht selten musste die Meisterin ihre hübsche Tochter Margret mit einem Korb hinunterschicken, damit der eifrige Bursche überhaupt etwas zu essen bekam. Nach einiger Zeit brauchte aber auch das Töchterlein immer länger, bis es in die Stube zurückkehrte.

Da sie wieder einmal vergeblich auf die Hilfe am Spinnrad gewartet hatte, bat die Meisterin ihren Mann: „Sieh doch bitte nach, wo Margret bleibt, sie soll mir doch das Garn aufwickeln!“ Also stieg Paulus Kuhn in seine Werkstatt und blieb wie angewurzelt stehen, als er seine Tochter in inniger Umarmung mit seinem Lehrling sah.

„Was fällt dir ein, du unwürdiger Nichtsnutz!“

„Ich bitt Euch, Meister zieht keine falschen Schlüsse“, flehte Anderl. „Ich meine es ernst mit Margret und mit Eurer Erlaubnis möchte ich gerne um ihre Hand anhalten.“

Aber Meister Kuhn hatte eine bessere Partie für seine Margret im Auge. „Aus dieser Verbindung zu meiner Tochter wird genauso wenig etwas, wie du es fertigbringst, dass die Ringe im Brunnengitter sich drehen können.“

Das war ein handwerkliches Problem, an dem sie seit Wochen tüftelten, ohne dass der Meister oder einer der Gesellen eine Lösung dafür gefunden hätten. Es sollte ein glänzender Messingring in das Eisengitter eingebracht werden, der zwar festhielt, sich aber dennoch frei um die eigene Achse drehen ließ.

„Bitteschön, Vater, sagt doch ja! Ich hab den Anderl aufrecht gern“, bettelte nun Margret.

„Nichts da, ich entlasse ihn hiermit aus meinen Diensten!“, beharrte Meister Kuhn und zerrte seine Tochter am Arm mit sich in die Wohnstube hinauf.

Anderl blieb allein zurück und konnte nichts anderes tun, als seine wenigen Habseligkeiten zusammenschnüren und von dannen zu ziehen. Doch bevor er das tat, machte er sich ans Werk. Er feilte und lötete die ganze Nacht. Kurz vor Sonnenaufgang ward er fertig und verließ seine Lehrstelle.

Der Altgeselle, der von dem Streit am Abend nichts mitbekommen hatte, fand als erster das Ergebnis der nächtlichen Arbeit vor und rief Kuhn begeistert zu: „Meister, Ihr habt Euch wirklich selbst übertroffen, man sieht keinen Anfang und kein Ende, keine Lötstelle – nix! Ein wahrhaftes Meisterwerk!"

Das erkannte nun auch Paulus Kuhn und es wurde ihm mit einem Schlag klar, wen er da gestern hinausgejagt hatte. Was war schon ein wohlhabender Bewerber für seine Tochter im Vergleich zu so einem begabten Kerl, der einmal sein Geschäft fortführen und den Ruhm für sein Handwerk derart mehren konnte?

„Steh nicht Maulaffen feilhaltend herum, sondern lauf durch die Stadt und such unseren Lehrling. Ich brauche ihn hier und zwar umgehend!"

Der Altgeselle sauste sofort los, ebenso der Geselle und später sogar der Meister selbst. Doch so gründlich sie jeden Stein umdrehten, die Nachbarn und andere Handwerker befragten – Anderl fanden sie nicht.

Margret weinte sich die Augen aus und überschüttete ihren Vater mit Vorwürfen: „Du hast mit deinem engstirnigen Sturschädel dein und mein Glück zerstört!"

Ist es also so, dass dem vertriebenen Lehrling nichts blieb, außer dem bis heute anhaltende Ruhm für die feine Handwerkskunst? Die meisten glauben das und so wird die G'schicht häufig erzählt. Aber das sind heute wie damals die, die sich von dem glänzenden Messingring täuschen lassen, ihn kurz drehen und meinen, dass damit ihr geheimer Wunsch in Erfüllung geht. Aber Anderl war ein ebenso geschickter wie kluger Bursche.

Seine Botschaft an seine Geliebte hatte er deshalb in dem bescheidenen dunklen Eisenring verborgen, der für das Gitter auf der anderen Seite des Brunnens bestimmt war. Genau neun Monate später sollte sie ihn am Brunnen treffen und mit ihm dort hingehen, wo er seine neue Stelle gefunden hätte.

Wer – ebenso wie die Einheimischen – weiß, dass der schwarze Ring für Kindersegen steht, wird nicht daran zweifeln, dass Margret der geheimen Botschaft gefolgt ist.

Die letzten Skeptiker sollten einen Blick zum Brunnen über dem Eisenring werfen, der Wasserspeier dort ist nämlich Meister Adebar – der Storch – und er trägt ein Kindlein im Schnabel!

Bis heute ist man sich in Nürnberg nicht ganz einig, wie und welcher Ring zu drehen ist – den „goldenen" Ring dreimal nach rechts? Oder doch lieber den dunklen Ring gegenüber? Und erfüllt der Ring einen sehnlichen Wunsch oder steht er für Kindersegen, wie es zumindest dem Eisenring nachgesagt wird?

Vielleicht hatte die Zunahme der Geburten damals auch eher damit zu tun, dass endlich sauberes Wasser zur Verfügung stand und damit die Verbreitung von Krankheiten wie der Pest eingedämmt werden konnte?

Eines ist jedenfalls sicher – es sind nicht mehr die Originalringe von damals! Der Messingring fiel dem ein oder anderen Diebstahl zum Opfer, weil er vermutlich für Gold gehalten wurde.

Außerdem sind Brunnen, Gitter und Ringe inzwischen mehrmals restauriert worden. Aber wunderschön ist der Brunnen am Hauptmarkt wie eh und je. Und es schadet nichts, es mit dem Wünschen einfach zu versuchen!

Der „grindige" Heinz

Zahlreiche altehrwürdige Patrizierfamilien lebten in Nürnberg, die durch ihren geschickten Handel ihren eigenen Reichtum mehrten und für den guten Ruf der Stadt sorgten.

Darunter befanden sich viele Wohltäter, die bereit waren auch an ihre Mitbürger zu denken. Ein solcher war Heinz Groß. Seine Familie hatte enormen Einfluss in der Stadt und bewohnte ein stattliches Gehöft mit einem riesigen Garten, der bis hinunter an die Pegnitz reichte.

Schön hätt er's haben können, der Heinz, wenn er nicht von einem Leid geplagt worden wäre, nämlich einem üblen Ausschlag. Kein Arzt oder Heiler hatte ihn bisher davon befreien können. Rote hässliche Pusteln zeigten sich auf Gesicht, Händen und die gesamten Arme hinauf, weswegen ihn die Nachbarn wenig schmeichelhaft den „grindigen" Heinz riefen.

Um sich der Häme zu entziehen, verließ er selten das Haus, besetzte keinen Stuhl im Hohen Rat, sondern widmete sich lieber der Gartenarbeit. Das tat er auch in jenem Sommer, es möcht um 1320 gewesen sein. Als er in einem Beet alles gejätet und zurechtgeschnitten hatte, übermannte ihn die Müdigkeit.

„Warum erst ins Haus zurückeilen, wenn ich genau hier ein schönes schattiges Plätzchen habe", dachte er sich und ließ sich unter einer Linde nieder. Im weichen Gras schlief er sofort ein und fing an zu träumen. Er sah sich selbst in seinem Garten graben. Doch er hob nicht nur Erdreich aus, sondern stieß auf eine Kiste und als er sie öffnete, staunte er nicht schlecht: Es glänzte und funkelte, die Kiste war randvoll mit Münzen!

Als er aufwachte, rieb er sich die Augen. Konnte das wahr werden? Oder blieb es bei dem Wunschtraum?

„Wenn ich es nicht versuche, werde ich es nie wissen. Und wenn ich mich irre, sieht es hier ja niemand, der mich auslachen könnte“, dachte er, richtete sich halb auf und äugte in den Garten. „Ha, dort drüben könnt die Stelle aus dem Traum gewesen sein. Aber wie merk ich sie mir?“

Das war tatsächlich eine gute Frage. Zum Jäten hatte er vorhin nämlich keine große Schaufel mitgebracht, aber genau die bräuchte er jetzt. Bis er sie aber aus dem Schuppen geholt hätte, wüsste er die Stelle vielleicht nicht mehr genau und würde an der falschen graben. Heinz‘ Blick richtete sich für guten Rat gen Himmel, und er wurde der Lindenblätter im Baum über ihm gewahr.

„Wenn ich verspreche, den Schatz den Armen und Alten der Stadt zukommen zu lassen, dann darf ich mir doch ein Häuflein deiner Blätter ausborgen, werte Linde?“

Als ob man ihn erhörte, kam eine kleine Brise auf und schüttelte ein hübsches Blätterhäufchen dem Heinz zu Füßen. Das nahm er und trug es zu der geträumten Stelle. Dann eilte er rasch, um Spaten, Schaufel und Hacke zu holen.

Während er unterwegs war, merkte er allerdings, wie der Wind stärker wurde. Oh weh, das könnte ein Sommergewitter geben. Büsche und Bäume bogen sich, und es wirbelte einiges Laub herum.

„Meine schöne Markierung hat es bestimmt weggeblasen!“, bedauerte Heinz.

Trotzdem kehrte er mit seinem Werkzeug zurück und fand wie durch ein kleines Wunder seine Blätter unberührt. Sofort fing er an zu graben. Das Gewitter hielt sich noch weiter zurück, und er gelangte tiefer und tiefer. Aber von einem Schatz war nichts zu sehen.

Schon wollte er aufgeben, als sein Spatenstich doch noch auf etwas Hartes stieß. „Sollte ich wirklich so viel Glück haben?“, freute sich der Heinz. Hatte er!

Er hob eine große Holzkiste aus und genau wie im Traum war sie gefüllt mit Gold- und Silbermünzen. Ein weniger aufrechter Mann hätte nun vielleicht sein Versprechen in den Wind geschlagen. Es hatte ja keiner gehört außer eben jener Wind und die alte Linde. Aber so einer war der Heinz nicht. Er überlegte, was die Armen am dringendsten benötigten.

„Das Wichtigste ist doch ein Platz für den Lebensabend und die Gesundheit", fand er.

Mit diesem Plan zog er vor den Rat.

„Wir könnten ein Spital gebrauchen", brachte er vor.

„Recht hast du", bestätigte der Rat. „Aber wer soll das bezahlen? Die Stadtkasse ist leer."

„Ich", bot Heinz schlicht und freundlich an. „Ihr müsst mir nur genehmigen, den Bau bis in die Pegnitz hinein zu erweitern, damit wir genug Platz haben."

Da musste man im Rat nicht lange überlegen, eine gute Tat, die die Stadt nichts kostete, nahm man dankend an.

Gleich in der Woche darauf legte Heinz voller Tatendrang los. Staunend sahen bald die ersten Bürger wie sich ein Bau über ihren Fluss erhob und darunter das Wasser wie durch zwei Tore weiter fließen konnte.

Während der Bauzeit des Spitals hatte Heinz sich nicht so viel wie sonst aus seinem Ausschlag gemacht, unter den staubigen verschwitzten Arbeitern, deren Werk er ab und an inspizierte, war er nicht sehr aufgefallen. Doch schon bei der Eröffnung wurde er sich wieder bewusst, wie ihn alle anstarrten. Sie lachten ihn nicht laut aus wie früher, dafür war die Dankbarkeit noch zu groß, aber das würde wieder kommen, befürchtete Heinz. Er würde sich eben wieder in seinen Garten zurückziehen. Aber da sprach ihn noch während der Feierlichkeiten eine alte Frau an.

„Die beißen bestimmt recht gemein, Eure Pusteln", stellte sie ohne Umschweife fest.

Heinz hielt eine Hand vors Gesicht, obwohl das auch nichts nutzte. „Könnt Ihr mit dem Spott nicht bis morgen warten?"

Die Alte schüttelte den Kopf. „In meim Alter weiß man ned, ob's morgen ned scho' zu spät is'! Deshalb zieh ich ja in Euer schön's Spidal. Aber helfen möchd ich Euch, denn Ihr seid noch jung und müsst noch was hamm vom Leben!"

Sie bat ihn um ein Pergament und schrieb einige Zutaten auf, von denen Heinz vorher noch nie gehört hatte. „Damid gehd Ihr zum Apodheker und lassd Euch eine Salbe anrühren. Morgens und abends dünn auf die Stellen aufdragen, dann solld's in einem Mondlauf vorbei sein mid da Plage!"

Weil er ohnehin nichts zu verlieren hatte, befolgte er den Rat der Alten. Sie musste wohl früher eine sehr gute Heilerin gewesen sein, denn ihre Salbe vertrieb die Pusteln nach wenigen Anwendungen. Von da an konnte Heinz sich endlich unbesorgt unter Menschen trauen und ein ganz normales Leben führen.

Wer Gutes tut, dem widerfährt auch selbst Gutes! Noch lange gedachte er in großer Dankbarkeit der Alten, auch als sie schon nicht mehr in seinem Spital lebte.

Funfact: Die Geschichte wird so erzählt, obwohl jeder weiß, dass in Wirklichkeit erst Heinz' Sohn, Konrad Groß, das Spital hat bauen lassen. Das bekundet auch die Gedenktafel an der Spital-Apotheke zum Heiligen Geist, die man entdeckt, wenn man die Museumsbrücke über die Pegnitz nimmt und das Heilig-Geist-Spital in den Fluss ragen sieht. An der Ecke Spital-Apotheke zum Heiligen Geist befindet sie sich.

Aber die beiden Männer verschmelzen sozusagen zu einer Person, weil sich die Legenden von Schatz, Ausschlag und Spitalbau so stimmig zusammenfügen lassen! Weniger verwunderlich ist, dass das Wappen der Familie Groß 23 Lindenblätter zeigt!

Arm's Wöschdla
oder: Auf die Wurst gekommen

In allen Epochen wurde in Nürnberg gerne gespeist, und besonders gerne isst der Nürnberger seine Rostbratwürste. Doch wieso sind diese köstlichen Würstchen eigentlich so klein?

Schon recht früh – bereits im 14. Jahrhundert – waren die Nürnberger auf die Wurst gekommen und mit Recht stolz auf deren lecker-würzigen Geschmack und Qualität. Um diese zu sichern, beschloss der Hohe Rat festzulegen, welche Zutaten für die „Nämbercher Broudwoschd" zu verwenden waren und das wurde streng durch eine extra eingesetzte Amtsperson kontrolliert.

Es kam der Wurst zugute und führte zu ihrem tadellosen Ruf auch über die Stadtgrenzen hinaus. Allerdings hatte die Qualität der Zutaten auch ihren Preis und der stieg und stieg im Laufe der Jahre.

Es möcht um 1573 gewesen sein, als ein Metzgermeister deshalb in arge Bedrängnis geriet. Die Würste vom Franz gehörten zu der Zeit zwar mit zu den besten der Stadt, aber die Kosten für Fleisch und Gewürze – die in ihrer genauen Mischung bis heute als Geheimnis gehütet werden – fraßen zusehends den Gewinn auf.

Jedoch sah der Franz das nicht früh genug kommen, war er zwar ein hervorragender Metzger, aber kein guter Geschäftsmann. Allzu gerne und oft gönnte er sich nach der anstrengenden Arbeit einen ordentlichen Humpen in der Schenke und sparte auch sonst nicht. Leider war ihm seine Frau, die auf ihn geachtet hätte, viel zu früh verstorben. Und auf die leisen Mahnungen seiner Tochter hörte er nicht, obwohl seine Magdalena nicht nur ein bildhübsches, sondern auch ein kluges und äußerst fleißiges Mädchen war. Er bekam gar nicht recht mit, wie viel sie ihm half. Immer bescheiden im Hintergrund, packte sie sogar in der Metzgerei mit an, um aufzuhalten, was kaum aufgehalten werden konnte.

Und so kam der bittere Tag, an dem alle Gläubiger des Metzgers gleichzeitig ihre Schulden eintrieben, allen voran der Wirt. Und weil der Franz nicht zahlen konnte, holte man ihn ab und steckte ihn zur Untersuchung in eines der dunklen Lochgefängnisse im Kellergewölbe des Nürnberger Rathauses. Ein wahrhaft schauriger Ort. Winzig, eng, kalt und feucht. Noch Schlimmeres drohte ihm nach der unweigerlichen Verurteilung.

Magdalena war verzweifelt. Sie hatte ihren Vater von Herzen lieb und wollte ihm unbedingt helfen. Aber wie? In der Metzgerei gab es genau noch die Zutaten für die Würste, die sie am nächsten Tag verkaufen konnte. Die Einnahmen würden niemals reichen, um neues Fleisch und Gewürze zu besorgen und gleichzeitig die Schulden abzuzahlen. Entweder das eine – oder das andere. Besorgte sie keine neuen Zutaten, konnten sie nicht weiter wursten und sie landeten beide über kurz oder lang im Armenhaus oder im Schuldturm. Bezahlte sie Vaters Schulden nicht, schickte man ihn vom Lochgefängnis ebenfalls direkt in den Schuldturm. Kaum einer kam nach längerer Haft heil und noch voll bei Sinnen dort wieder heraus. Wie sie es drehte und wendete, es schien keine Lösung für dieses Dilemma zu geben.

Abgelenkt durch ihre unglückseligen Gedanken, hatte sie das Brät hergestellt und war eben dabei, es in die Därme zu füllen. Versehentlich drückte sie zu wenig Füllung hinein und hielt drei winzige Würstchen in der Hand, kaum größer und dicker als ihr Mittelfinger.

Magdalena stöhnte auf: „Ich Debberla! Ich darf doch nicht auch noch das Wenige vergeuden, das wir noch haben!"

Gerade wollte sie die Würste wieder aufdrehen, um Brät nachzufüllen, als ihr Blick auf die Weggla fiel, die sie am frühen Morgen gebacken hatte, um

ihrem Vater später wenigstens ein wenig Brot ins Gefängnis zu bringen. Die drei kleinen Würstchen würden perfekt in das Brötchen passen!

Magdalena versuchte sich an die Vorschriften zu erinnern – bestes Muskelfleisch ohne Knochen oder Knorpel, Majoran und andere Gewürze – aber war irgendwo die Größe der Würste festgelegt? Nicht, soweit sie wusste!

Geschwind wog sie ihre kleinen Fingerwürstchen nach – ein bisschen über 20 Gramm. Das war nur der fünfte Teil einer gewöhnlichen Bratwurst, von der höchstens eine in das Weggla passen würde. Aber drei hörte sich doch viel mehr und besser an als eine! Dafür konnte man doch sicher fast den gleichen Preis verlangen, hatte aber Fülle eingespart!

„Ich werde sie auf dem Rost besonders knusprig und lecker braten", nahm sich Magdalena vor. „Dann schmecken sie so gut, dass keiner sich über die Größe aufregt."

Gesagt, getan. Nachdem sie aus ihren Resten lauter kleine Würstchen hergestellt und noch eine ganze Ladung Brötchen nachgebacken hatte, schürte sie den Rost und stellte einen Topf mit scharfem Senf bereit. Dann öffnete sie das Fenster zur Straßenseite, ließ den köstlichen Duft hinausziehen und rief, wenn Leute entlangkamen: „Drei im Weggla, drei im Weggla – gleich auf die Hand!"

Wenig später wurde die Schlange vor ihrem Fenster lang und länger. Die Leute rissen sich förmlich um die schnelle Mahlzeit, und Magdalena kam kaum hinterher, sie alle zu bedienen.

Bereits kurz nach der Mittagszeit war sie restlos ausverkauft. Sie hatte genug eingenommen, um Nachschub zu besorgen und für den nächsten Tag sogar eine noch größere Menge vorzubereiten. Trotzdem blieb sogar noch etwas übrig, um es für die Schulden ihres Vaters beiseitezulegen.

Immerhin 4 Pfennige verlangte die clevere Magdalena. Ein stolzer Preis damals, aber die Leute zahlten ohne größeres Murren und kamen immer wieder, zumal die „Drei" so frisch vom Rost einfach köstlich waren.

Nur im hohen Rat war man anfangs ungehalten. „Das ist Wucher!", grollten die Ratsherren. „Habt ihr's gesehen. Es gibt bereits die ersten Nachahmer! Man wird uns für Ausbeuter halten, die kleinen Würste bringen die ganze Stadt in Verruf!" Aber auch das legte sich, als die Leute wegen der Würstchen noch zahlreicher in die Stadt strömten. Es wurde sogar ausdrücklich nach der Metzgerei Franz und den „Drei im Weggla" verlangt.

Und Magdalena? An dem Tag, als die Verhandlung ihres Vaters stattfand, da spazierte sie in den Ratssaal und stellte einen großen Beutel vor seine Gläubiger auf den Tisch.

„Hier!", sagte sie. „Die Münzen sollten genügen, um alles bis auf Heller und Pfennig zu bezahlen, was mein Vater euch Halsabschneidern schuldet. Und jetzt nehm ich ihn wieder mit nach Hause, ich brauche ihn nämlich dringend, d'Wörschd machen sich ned von selber!"

Damit war der Erfolg des wahrscheinlich weltersten Fastfood-Gerichts besiegelt und der Siegeszug der Nürnberger Rostbratwurst ist bis heute nicht mehr aufzuhalten!

Worauf es ankommt, ist nicht die Größe, sondern schmecken müssen sie! Die kleinen Nürnberger Rostbratwürste werden überall gerne gegessen – aber nur, wenn sie nach der jahrhundertealten Rezeptur in Nürnberg hergestellt wurden, sind sie echt und dürfen sich auch so nennen!

Mittlerweile haben sie ihr eigenes Bratwurstmuseum und ihre eigene Bratwurstgasse, die die Verbindung zwischen dem Henkersteg und dem Trödelmarkt bildet (wo im Mittelalter noch mit Schweinen gehandelt wurde).

Gegessen wird sie entweder auf die Hand, also drei im Weggla – wer mag nimmt a wengala Sembf dazu – aber nur den mittelscharfen, auf keinen Fall süßen Senf! Wer mehr Zeit hat, lässt sie sich traditionell auf dem Zinnteller servieren, dann alternativ mit Meerrettich und unbedingt in gerader Anzahl, also je nach Hunger sechs, acht oder zwölf. Doch noch besser, als alles über die Wurst zu wissen, ist, sie in einem der zahlreichen Nürnberger Wirtshäuser einfach zu probieren! Guten Appetit!

Der übermütige Sackpfeifer

Nichts für schwache Nerven oder empfindliche Gemüter ist das, was sich während der Pest in Nürnberg zugetragen hat. Nun war die Pest, die Anfang des 15. Jahrhunderts in der Stadt und in heftigen Wellen in ganz Europa grassierte, bereits für sich genommen eine düstere Krankheit, die die Menschen das Fürchten lehrte. Wen sie erwischte, den zeichnete sie mit schwarzen Beulen am ganzen Körper. Dann dauerte es meist keine ganze Nacht mehr und der Schwarze Tod holte sich den Kranken. In Nürnberg gab es kaum eine Familie, die niemanden verloren hatte; und in wessen Haus die Pestilenz eingezogen war, der bangte zu Recht um sich und sein Leben und wurde von seinen Nachbarn gemieden.

Kein Wunder also, dass die Straßen so gut wie leergefegt waren. Nur wer unbedingt etwas zu erledigen hatte, huschte rasch hinaus und sah zu, dass er möglichst wenigen über den Weg lief. Zwar wusste man damals noch nicht genau, woher die Krankheit kam und wie man sich ansteckte, doch war allen bewusst, dass man die Begegnung mit einem, der bereits infiziert war, besser vermeiden sollte.

Wen der Tod nicht dahingerafft hatte und wer es sich leisten konnte, der floh panisch. Viele Häuser standen leer. Längst wurden die Menschen kaum mehr versorgt, sondern blieben sich selbst überlassen und starben, wo sie gerade gingen, standen oder saßen. Der Tod nahm ihr Leben mit, ließ in der Stadt aber ihre Leichname zurück.

Ein elender Anblick, den zum Höhepunkt der Ausbreitung auch der Pestkarren kaum mehr beseitigen konnte, der des Nachts durch die Straßen gezogen wurde. Auch wenn seine Räder mit Lumpen umwickelt waren, um den Lärm ein wenig einzudämmen, wussten doch alle, was das Rumpeln auf dem Kopfsteinpflaster bedeutete.

Der Leichensammler muss ein tapferer Mann gewesen sein, der auflud, wen er leblos fand und ihn dann aus der Stadt hinausbrachte. So viel hatte man begriffen, im alten Nürnberg, dass es besser war, die Toten außerhalb der Stadtmauern zu begraben. Deshalb wurden auf dem Johannisfriedhof große, tiefe Löcher gegraben und die Pestopfer hineingeworfen, ohne sie vorher herzurichten, in einen Sarg zu legen oder eine Zeremonie zum Abschied abzuhalten. Nicht selten waren auch gar keine Trauergäste mehr übrig gewesen.

Und dennoch gab es einen, der ließ sich davon nicht ängstigen oder beeindrucken. Er war ein ausgesprochen begabter Sackpfeifenspieler, dem man sogar in diesen Tagen ab und an eine Münze zuwarf, weil seine Musik für eine kleine Abwechslung in der tristen Stimmung sorgte, die ansonsten herrschte. Ulrich könnt er geheißen haben und er war ein wilder Kerl mit einem dicht wuchernden, dunklen Bart und blitzenden Augen. Über die Ängste der Nürnberger pflegte er laut zu lachen.

„Fürchtest du denn den Schwarzen Tod nicht?", fragte ihn ein anderer Gast in der Wirtsstube, in der sich Ulrich mehr als nur einen Becher genehmigte.

„Weder den Schwarzen noch irgendeinen", entgegnete Ulrich. „Verderben sie einem doch nur die Lebenslust! Tanzen sollen die Leute – singen und springen. Dann werden auch die Glieder nicht steif!"

So sprach er und blies in sein Instrument, um den Worten ein Liedchen folgen zu lassen. Den Zechkumpanen gefiel's und sie luden ihn weiter ein bis in die tiefe Nacht. Erst als der Wirt sie hinauswarf, weil er selbst endlich zu Bett gehen wollte, verließ auch Ulrich die Stube und wankte auf die Gasse hinaus. Die frische Luft tat ihr Übriges, sie ließ ihm Wein und Bier so zu Kopf steigen, dass er völlig benebelt nicht mehr wusste, wo links und rechts war. Er stolperte über die eigenen Füße, strauchelte, konnte sich nicht abfangen, da er noch den Dudelsack in den Händen hielt und schlug der Länge nach hin. Um sich aufzurappeln, war er viel zu betrunken und zu ungeschickt. Aber es machte ihm nichts aus, er blieb einfach liegen und schlief tief und fest ein.

Kein guter Ort für ein Schläfchen. Denn eben kam der Karren vorbei, der aufsammelte, wen auch immer er auf der Straße fand – wie es seine Aufgabe war. Den ohnmächtigen Pfeifer Ulrich erkannte der Leichensammler sogar:

„Schau, schau, hat es den also auch erwischt! Wundert mich nicht bei seinem Lebenswandel!"

Er zog seinen Umhang und das Tuch, das er um Mund und Nase gebunden hatte, fester, bevor er den Pfeifer packte.

„Schwer und noch nicht steif – der ist noch nicht lange hin!", erkannte der Leichensammler und warf ihn ächzend auf seinen Karren.

Dort lag der Ulrich nicht allein. Der Sammler hatte nämlich bereits einige Straßen abgeklappert, nahm nun den Karren wieder auf und machte sich

auf den Weg zum Friedhof. Es ruckelte und polterte, längst hätte der Leichensammler die Lumpen wieder erneuern sollen. Aber wer sollte sich über den Lärm beschweren? War doch kaum mehr einer übrig!

Von dem unsanften Holpern und einigen Stößen in seine Rippen wurde einer allerdings wach. Der Pfeifer. Er schlug die Augen auf. Und schloss sie entsetzt gleich wieder. Das konnte doch wohl nur ein grässlicher Traum sein? Eine Verwechslung! Es durfte doch nicht wahr sein, was nicht nur seine Augen sahen, sondern auch seine Nase roch? Er lag mitten unter lauter Toten. Menschen, von der schwarzen Krankheit dahingerafft. Direkt neben ihm. Über ihm. Unter ihm.

Nach dem ersten Schock versuchte Ulrich sich zu befreien. Aber es klappte nicht, denn auch auf ihn getürmt lagen Leichen und hatten ihn regelrecht unter sich begraben. Des Pfeifers Ekel war unbeschreiblich.

„Reiß dich zusammen", schalt er sich. „Man wird den Irrtum bemerken. Spätestens beim Abladen und dann bin ich wieder ein freier Mann, wenn auch um eine Erfahrung reicher, die ich lieber ausgelassen hätte!"

Während er das noch dachte, sah er neben dem Wagen jemanden herumhüpfen. In schwarze Gewänder gehüllt, tanzte er um den Wagen, geschmeidig und dennoch grusliger als alle Leichen um ihn herum. Der Ulrich erkannte ihn sofort, obwohl er ihn nie zuvor gesehen hatte.

„Der Schwarze Tod!", hauchte der Pfeifer.

„Ganz recht", nickte die schwarze Gestalt. „Ab heut spielst du für mich!"

„Reichen dir nicht die armen Seelen neben mir?", stöhnte der Pfeifer. „Das sind doch wahrlich genug für eine Nacht!"

„Ich nehme alles, was ich kriegen kann", beharrte der Schwarze Tod.

Wieder versuchte der Pfeifer verzweifelt, sich loszustrampeln, aber auch diesmal gelang es ihm nicht. Seine Hand allerdings ertastete etwas Hartes, Glattes. Keinen Ellenknochen eines Mitfahrers, wie Ulrich für den Bruchteil einer Sekunde befürchtet hatte, sondern – er atmete auf – es war das vertraute Pfeifenstück seines Dudelsacks!

Aus Leibeskräften blies Ulrich hinein. Dumpf kam der erste Ton. Aber immerhin, es kam einer! Ulrich setzte nach, er spielte im wahrsten Sinne des Wortes um sein Leben! Der Tod fing noch wilder an zu tanzen. Voller Vorfreude!

Doch auch am vorderen Ende des Wagens wurde er gehört.

„Seit wann machen denn Tote Musik?“, wunderte sich der Leichensammler, er hielt an und kam um den Karren herum. Geschickt wich der Tod ihm aus.

„Spielt da einer?“, fragte der Leichensammler.

„Hier! Hier unten!“, krächzte Ulrich.

„Uh-hu – der Geist vom Sackpfeifer“, gruselte der Sammler sich und war schon drauf und dran davonzurennen.

„Bitte!“, flehte da das Pfeiferlein. „Ich bin kein Geist und auch nicht tot. Noch nicht! Wenn du mich befreist, schwöre ich, dass ich nie wieder auch nur einen Tropfen von dem anrühre, was mich beinahe ins Grab gebracht hätte!“

„Wer's glaubt“, meinte der Leichensammler. Aber immerhin half er dem Pfeifer vom Wagen herunter.

„Dankeschön!“ Der Ulrich verbeugte sich artig vor seinem Retter. „Du hast mich dem Tod von der Schippe geholt.“

Der Leichensammler wiegte bedächtig den Kopf hin und her. „Bis bald, fürchte ich!" Er war überzeugt, dass einer, der unter seinen Leichen gelegen hatte, sehr schnell wiederkommen würde.

Im Stillen dachte das auch der Sackpfeifer. Ab da vermutete er unter jeder dunklen Kapuze seiner Zuhörer den Tod und spielte erst recht auf, um den schwarzen Besucher noch eine Weile hinzuhalten, bis er ihn rufen und mitnehmen würde. Er hielt sich auch daran, nicht mehr zu trinken und rechtzeitig nach Hause zu gehen. Überraschend verschonte der Schwarze Tod ihn, so dass er noch heute in seinem Brünnlein weiterspielen kann!

Tatsächlich kann man den Sackpfeifer aus Erz gegossen heute noch finden. Er spielt im Dudelsackpfeiferbrunnen am Unschlittplatz unermüdlich seine Melodien und hält hoffentlich die Pest oder ähnliche Krankheiten von seiner Stadt fern. Es gibt sogar noch eine zweite Brunnenfigur in der Lammsgasse im Innenhof der Nummer 14.

Auf dem Weg dorthin lässt sich in einigen Gassen, unter anderem in der Füll, eine weitere Nürnberger Besonderheit bewundern: die Chörlein. Kleine Erker aus Holz oder Stein, die an die Fassaden der Häuser im ersten Stock angebaut wurden. Eine dekorative Verzierung der ansonsten relativ schlichten Häuserfronten – und praktisch, um zu beobachten, wer durch die Gassen kommt und geht.

Wer die Augen offen hält, kann noch einige Chörlein in der Altstadt entdecken, ebenso wie die nahezu unzähligen Brunnen.

Die Feuertaufe

Nürnberg wird völlig zu Recht Kaiserstadt genannt, denn jeder Kaiser des Mittelalters machte mehrmals auf der Kaiserburg Station und hielt dort Hof. Das Schicksal der Kaiser war eng mit der Stadt verknüpft. In rühmlichen, wie auch in weniger rühmlichen Stunden.

Allen voran prägte und pflegte Kaiser Karl IV. dieses Band, weil ihm die schöne Stadt ans Herz gewachsen war wie keine zweite. Als Kaiser musste er die meiste Zeit seiner Regentschaft unterwegs sein – sein Reich war groß und überall wurde er gebraucht. Er fühlte sich kaum jemals irgendwo angekommen und Zuhause. Umso mehr schätzte Karl „sein" Nürnberg und versuchte so häufig wie möglich seine Wege dorthin zu lenken.

Das lag nicht zuletzt auch an der Sebalduskirche. Zum heiligen Sebald, dem Stadtheiligen Nürnbergs, zog es Kaiser Karl öfter mit seinen Sorgen. Sebald soll nämlich selbst ein Königssohn gewesen sein, bevor er sich in das bescheidene Leben eines Einsiedlers zurückzog. Wegen dessen Herkunft fühlte der Kaiser sich mit ihm verbunden und dachte, dass hier sein Anliegen besonders gut verstanden würde.

Da ihm sein Erstgeborener bereits als Säugling verstorben war – worüber er in seinen Gemächern, wenn es ausnahmsweise keiner sah, viele Tränen vergossen hatte – fehlte ihm nicht nur sein Sohn, sondern auch ein Thronfolger. Ihm war bewusst, dass er nicht jünger wurde, und so kniete er sich vor den Altar und bat um Hilfe.

Der Pfarrer bekam dies wohl mit und trat nach dessen Gebet an den Herrscher heran. „Gott erhört jedes Gebet, mein Sohn", sagte er. „Aber aus Erfahrung kann ich sagen, er hört besser, wenn man ihm dafür ebenfalls etwas verspricht!"

Einen Moment brauchte der Kaiser, bis er begriff. Er fragte: „An was für ein Versprechen hat er denn gedacht?“

Der Pfarrer war ein kluger Mann, dem auch bewusst war, dass er den Bogen nicht überspannen durfte. Gleichzeitig wollte er die Bedeutung seiner Kirche sichern – nun, da eben jener Kaiser, der hier gerade vor ihm kniete, eine neue Kirche am Hauptmarkt bauen ließ, deren Konkurrenz dem Pfarrer so gar nicht behagte. Dennoch gab er sich äußerlich ausgesprochen bescheiden.

„Ich denke, es würde unseren Herren besonders erfreuen, wenn das Kindlein, um das Eure Majestät bittet, in unserer Kirche getauft würde!“

Ein Lächeln zeigte sich auf des Kaisers Gesicht. „Das kann ich Gott und Euch gut und gerne versprechen, so lange er mir nur einen gesunden Jungen schenkt!“

Und tatsächlich wurde des Kaisers Wunsch erfüllt, allerdings erst geraume Zeit später. Da aber ein Kaiser eben nie lange an einem Ort verweilen kann, war Karl bereits wieder unterwegs, als seine junge Frau Anna zu ihm trat und ihm die frohe Botschaft mitteilte.

„Wir müssen sofort nach Nürnberg!“, bestimmte der Kaiser. Anna seufzte. „Tut das wirklich Not? Mir fällt bereits das Gehen schwer und ich würde lieber die Füße hochlegen als schon wieder auf Reise zu gehen.“

Doch Karl blieb dabei, und so begleitete sie ihn hochschwanger durch Franken und gebar am 26. Februar 1361 ihren Sohn in Nürnberg.

Der Kaiser war überglücklich und wollte dieses große Ereignis mit möglichst vielen Mächtigen seines Reiches teilen. Er schickte die schnellsten Reiter zu den hochrangigen Adeligen und kirchlichen Würdenträgern, ebenso wie zu den hohen Ratsherren und Ständevertretern Nürnbergs. Dafür war er bereit, mit der Taufe einige Wochen zu warten, bis alle angereist wären.

Eigentlich beeilte man sich zu jener Zeit lieber mit der Taufe, da man kein Kind ohne Gottes Segen und einem Namen verlieren wollte. Aber Karl hatte sich seinen Sohn gründlich angesehen, ihm über das noch spärlich behaarte Köpfchen gestrichen, während der sich wohlig schmatzend in sein Bettchen schmiegte.

„Du bist zwar ein verschlafener Bursche, aber zäh – genau wie ich. Du wirst mir schon durchhalten bis unsere Gäste kommen! Dafür werde ich dir meinen ursprünglichen Geburtsnamen geben. Wenzel sollst du heißen.“

Die Taufe fand an einem Sonntag im April wie versprochen in der Sebalduskirche statt. Der kleine Wenzel hatte mehr Taufpaten als Finger an den Händen, man zählte drei Erzbischöfe, sechs Bischöfe und fünf Äbte an seiner Seite. Und zum leisen Ärger des Pfarrers war auch ein Teil der noch im Bau befindlichen Frauenkirche in die Festlichkeiten mit eingebunden. Laut beschweren konnte er sich darüber natürlich nicht.

Und es sollte sogar noch schlimmer kommen.

Alles war festlich vorbereitet worden für das bedeutende Ereignis. Der Kronprinz wurde auf einem seidenen Kissen, verziert mit goldenen Stickereien und Fransen, hereingetragen. Sogar die Insignien des Reichs – Krone, Zepter, heiliges Kreuz, Reichsapfel und Lanze – hatte man extra nach Nürnberg geschafft, damit sie den Täufling feierlich begleiteten. Das Wasser im Taufbecken war erwärmt worden, um den künftigen König nicht mit kaltem Wasser zu erschrecken und zum Weinen zu bringen. Seine Amme hatte den Täufling gerade ausgewickelt und hielt ihn über das Taufbecken, da geschah das Unglück.

Der kleine Wenzel, unbeeindruckt von all dem Pomp und Trubel um seine Person, ließ sein eigenes Wasser ins Becken laufen. In der fast atemlosen Stille bekamen auch diejenigen, die in der letzten Reihe saßen und nichts sehen konnten, das plätschernde Geräusch mit. Schockiert starrten die geladenen Gäste sich an.

Als erstes gewann der Bischof, der die Taufe eigentlich vornehmen sollte, seine Fassung zurück. „Dieses Wasser ist entweiht", sprach er. „Darin kann ich den Kronprinzen nicht taufen. Wir brauchen neues!"

„Aber warm muss es sein!", beharrte die Amme. „Es ist eiskalt hier in der Kirche, und das Kindlein soll mir nicht erfrieren!"

Kaiser Karl IV. wurde rot vor Zorn und wandte sich zum Pfarrer von Sebald. „Schafft erwärmtes Wasser heran, aber rasch!"

Der Pfarrer eilte, so schnell ihn seine Beine trugen, in sein Pfarrhaus, traf dort aber niemanden an, weil sich auch seine Bediensteten vor der Kirche versammelt hatten, um etwas von dem Taufzug zu sehen. Auch in der Waschküche nebenan fand er niemanden. Wenigstens glimmte dort die Feuerstelle noch ein wenig. Hastig legte er alle Holzscheite, die er auf die Schnelle greifen konnte, in die Glut und lief los, um ein geeignetes Gefäß

zu suchen. Endlich traf auch seine Köchin ein, zu der sich das Missgeschick herumgesprochen hatte. Auch sie schichtete Holz ins Feuer und rannte nach einem Topf mit Wasser. Gleiches tat die Magd, die zurückgekehrt war.

Derweil saßen oder standen in St. Sebald die erlauchten Gäste und froren, weil es ein besonders kalter Frühlingstag war und keiner mit einer solchen Verzögerung gerechnet hatte. Doch dies war bei weitem nicht das Ärgste, was es zu ertragen galt! Denn während noch Gefäße gesucht wurden, hatte sich das Feuer prächtig entwickelt. Es fand in ein paar Leinentüchern, die für den nächsten Waschtag bereit lagen, genug Nahrung, um sich aus der Feuerstelle heraus im ganzen Raum zu verbreiten. Einmal entfesselt, war es nicht mehr aufzuhalten. Der halbe Pfarrhof stand bald in Flammen. Der arme Pfarrer musste mit ansehen, wie fast alles lichterloh brannte, und er war doch immer noch in der Pflicht, neues Taufwasser zu besorgen.

Während ein paar tapfere Männer versuchten, zu löschen, fand er endlich einen Wirt, der ihm mit dem warmen Wasser aushelfen konnte. Rußgeschwärzt und demütig kehrte er in seine Kirche zurück, um dem mehr als gereizten Kaiser das Wasser zu übergeben. Schon da bereute er zutiefst, diese Aufgabe an sich gerissen zu haben. Niemals wieder wollte er so eitel sein, versprach er seinem Gott.

Immerhin, im zweiten Anlauf ging alles gut. Der Kronprinz tat keinen Mucks und ließ sich eintauchen und auf den Namen Wenzel taufen. Der Kaiser war damit versöhnt und ließ im Anschluss auf dem Marktplatz und in den Straßen ein großes Freudenfest veranstalten. Für die Adeligen genauso wie für die Bürger. Acht Tage wurde gefeiert, und niemand durfte arbeiten.

Doch nicht nur der Pfarrer von St. Sebald zog ein kummervolles Gesicht. „Das bedeutet nichts Gutes! So benimmt sich doch kein künftiger König. Der wird uns noch mehr Schande bringen!“ Hinter vorgehaltener Hand raunten sich die Leute das Gerücht zu, der Wenzel wäre gar kein richtiger Königssohn, sondern ein einfacher Schusterbub gewesen. Die junge

Kaiserin hätte in Wirklichkeit ein Mädchen zur Welt gebracht. Aber weil sie den Kaiser nicht habe enttäuschen wollen, wurde die Frau eines Schusters zum Tausch überredet.

Ob was dran is' an dera Dauschgschicht? Das ist bis heute ein Geheimnis. Aber Wenzel erhielt als König später den wenig schmeichelhaften Beinamen „der Faule".

Zu der Taufe am 11. April 1361 ließ Kaiser Karl IV. die sogenannten Reichsinsignien, den wertvollsten Schatz, den man damals kannte, extra vom Westchor der sich gerade noch im Bau befindlichen Frauenkirche in einer Prozession über den Marktplatz tragen, um ihn dem Volk zu präsentieren.

Im Mittelalter wurden Neugeborene zur Taufe noch vollständig entkleidet, komplett mit Wasser übergossen oder sogar untergetaucht, anschließend abgetrocknet und mit einem wohlriechenden Öl gesalbt, bevor sie endlich wieder mit einem Hemd bekleidet und warm eingepackt wurden. Das erklärt die Fürsorge der Amme, die ihren Zögling nicht mit kaltem Wasser erschrecken und zum Weinen bringen wollte.

Trotz des Brandes im Pfarrhof kann man zum Glück heute noch den Anbau sehen, das Sebalder Chörlein – immerhin mit Original-Glasscheiben aus dem Mittelalter, das wahrscheinlich Vorbild für die weiteren Chörlein in Nürnberg war.

Die blaue Agnes im Sinwellturm

Abgesehen von Seuchen und Krankheiten war das Gefährlichste, was eine Stadt heimsuchen konnte, ein großes Feuer. Die Brandgefahr war hoch, man kochte, heizte und arbeitete mit offenen Feuerstellen. Die Häuser standen dicht an dicht, gebaut mit viel Holz – und Strohanteilen. Geriet eines in Brand, griffen die Flammen im wahrsten Sinne in Windeseile über.

Das hatten auch die Nürnberger bereits leidvoll erfahren müssen und entsprechende Vorsichtsmaßnahmen ergriffen. Auf den höchsten Türmen der Stadt hatten sie sogenannte Türmer platziert, deren Aufgabe es war, besonders nachts die Dächer im Auge zu behalten und umgehend Alarm zu schlagen, wenn sich eine verdächtige Rauchsäule zeigte.

Einer dieser Türme war der Sinwellturm der Burg. Liebevoll auch Simpel gerufen. Er steht noch heute auf dem Burgfelsen und ist der höchste Turm der Stadt, allerdings besonders dünn und schmal. Lediglich eine enge Treppe führt hinauf in eine winzige Kammer.

Dort war einst der Turmwächter Jörg untergebracht. Er hatte keine Familie mehr und so genügte ihm der wenige Platz. Im Gegenteil, es waren ihm die Ruhe und Einsamkeit in der Höhe gerade recht. Zugleich galt er als zuverlässiger Wächter, und die Warnung seines Horns war so gut wie immer als erstes zu hören, wenn es anfing zu brennen. Viele verdankten ihm, dass ihr Hab und Gut gerettet werden konnte.

Tagsüber hatte er noch eine weitere Beschäftigung. Er nannte einen einfachen Webstuhl sein Eigen, den er als Erbstück vom ehemaligen Bauernhof seiner Eltern mitgenommen hatte. Er webte grobes Leinen und färbte es anschließend mit blauer Farbe ein.

Seinen Turm verließ er selten, eigentlich nur, um diese Leinenstoffe zu verkaufen. Von dem Geld erfüllte er sich seine bescheidenen Wünsche.

Gerade war er wieder einmal auf dem Markt gewesen und hatte sich einen Kanten Brot, einen Laib Käse, ein paar Rüben, einen Sack Hafer und ein Stück Kernseife mitgebracht. Als er seinen Turm betrat, hörte er bereits im Treppenhaus ein leises Wimmern. Jörg blieb stehen und lauschte. War das ein verletztes Tier? Ein Hund? Oder ein Fuchs, den ein Bauer beim Hühnerstehlen erwischt und in die Flucht geschlagen hatte? Und der sich in den Schutz der Turmmauern gerettet hatte? Kurz hielt er inne. So ein verletztes Tier konnte gefährlich sein, wenn es sich in die Enge getrieben fühlte und in Panik zuschnappte. Besser, er ließ seine Einkäufe auf der Treppe, um die Hände frei zu haben.

Langsam stieg er weiter nach oben und fand schließlich vor seiner verriegelten Tür etwas kauern. Es war kein Tier, wie Jörg rasch feststellte, sondern ein Häufchen Elend. Ein kleines Mädchen, nicht älter als drei oder vier Jahre, spindeldürr, nur in Lumpen gekleidet und mehr tot als lebendig.

„Wie kommst du denn hierher?", sprach er es an. Aber es war so geschwächt, dass es kein Wort herausbrachte. Also hob Jörg es auf, trug es in seine Kammer und gab ihm einen Schluck zu trinken. Anschließend holte er seine Einkäufe herauf, schnitt ein Stück Brot und Käse ab und reichte beides dem Mädchen. Dankbar griff es zu und fing sofort an zu kauen.

„Du hast wohl schon lange nichts mehr zu essen bekommen", stellte der Türmer fest.

Statt einer Antwort stopfte das Mädchen sich den nächsten Bissen in den Mund und nickte nebenbei. Der Türmer ließ es erstmal essen, bevor er seine nächste Frage stellte: „Wie ist dein Name?"

Das Mädchen schlug die Augen nieder. „Ich weiß nicht."

„Wo sind deine Eltern?“, fragte Jörg weiter.

Doch auch darüber wusste das Mädchen nur wenig. Aber was es erzählte, erschütterte den Türmer zutiefst.

„Lauter böse Leute sind gekommen. Mit Knüppeln. Die haben geschrien: Ihr müsst weg! Ganz laut. Immer wieder. Da bin ich fortgerannt!“

Jörg wurde schlagartig alles klar. Das Mädchen kam aus dem Viertel der Juden. Sogar auf seinem Turm hatte er mitbekommen, wie man die Menschen von dort mit Gewalt vertrieb. Aber auch sein Gebet, das er voller Mitgefühl gen Himmel geschickt hatte, konnte das Unrecht nicht verhindern. Nun aber bot sich ihm die Gelegenheit, ein klein wenig wieder gutzumachen. Er betrachtete die Kleine und schüttelte den Kopf. Wie konnte man nur so grausam zu so einem freundlichen, netten Kind sein?

„Ich werde dich Agnes nennen“, sagte er, „und du wirst hier bei mir vor den bösen Leuten sicher sein!“

Er hielt sein Versprechen. Lange Jahre ahnte niemand in der Stadt etwas von dem Mädchen, das bei ihm im Turm lebte. Er versorgte sie beide mit seinen Einkäufen und nähte aus seinem blauen Leinen Kleidung für sie. Längst war Agnes wie eine Tochter für den guten Jörg. Als sie weiter heranwuchs, übernahm immer öfter sie die Besorgungen, weil für ihren Ziehvater das Treppensteigen mühsamer wurde. Sie war fröhlich und wunderhübsch anzusehen in ihren blauen Kleidern und den blonden Locken, deshalb mochten die Nürnberger Marktleute sie sehr. Und alle freuten sich und winkten hinauf, wenn sie aus dem Turmfenster ein Lied erklingen ließ.

Der Einzige, der sich Sorgen machte, war Jörg. Er spürte das Alter nicht nur in den Beinen: „Was wirst du anfangen, mein liebes Kind, wenn ich einmal nicht mehr bin?“

Eine Träne stahl sich in Agnes' Augenwinkel: „Bitte bleib noch lange bei mir! Aber sorge dich nicht, du hast mir so viel beigebracht. Ich kann

spinnen, weben, Leinen färben und ein Feuer erkennen, noch bevor es richtig ausgebrochen ist. Es wird sich schon eine Aufgabe für mich finden!"

Doch dann kam die Nacht, in der ein besonders heftiger Brand in der Stadt tobte. Von fast allen Türmen waren die Warnungen erklungen, dennoch dauerte es bis in die frühen Morgenstunden, erst dann waren die Flammen restlos gelöscht.

Der Feuerherr, der von der Stadt bestimmt worden war, über alle Türmer zu wachen, runzelte die Stirn. „Mir ist, als hätte ein Horn gefehlt letzte Nacht. Bartel, steig hinauf auf den Simpel und sieh nach, was los ist mit dem alten Jörg. Er bläst doch sonst immer als erster!"

Der Feuerherr lag mit seiner Ahnung richtig. Oben auf dem Sinwellturm fand man Jörg, der in seinem Stuhl eingeschlafen war und nicht wieder aufwachen würde.

„Und seine Tochter", fragte der Feuerherr, als man ihm den traurigen Verlust meldete. „Habt ihr die nicht gefunden?"

Bartel und die anderen Knechte schüttelten den Kopf. „Es war alles fein ordentlich aufgeräumt, Herr. Nur die schöne Agnes, die war nicht da!"

Sie blieb verschwunden. Vielleicht hätte der Feuerherr ihr anderenfalls sogar den Turm anvertraut, obwohl das ansonsten zu jener Zeit nur eine Aufgabe für Männer war. Doch ein neuer Mann ließ sich partout nicht finden, der die Feuerwache übernehmen wollte. Zu eng und einsam war das luftige Stübchen im Simpel.

Lange, lange stand es leer. Bis es über fünfzig Jahre später einen dringenden Anlass gab, der die Sache änderte. Die Schweden griffen an, und so zog ein neuer Wächter auf den Turm, um nicht nur vor den Feuern in der Stadt, sondern auch vor den Soldaten von Gustav II. Adolf vor der Stadt zu warnen.

Bereits nach der ersten Nacht berichtete der neue Wächter, Schritte auf der Treppe gehört zu haben. Zuerst hielten seine Kumpane ihn für übergeschnappt, doch dann erklangen auch wieder die ersten fröhlichen Lieder vom Turm.

Hatte sich der neue Wächter zuerst gegruselt, war er inzwischen regelrecht froh über seinen Geist. Kaum drehte er sich um, war sein Stübchen aufgeräumt und ordentlich gefegt. Schlief er versehentlich während der Nachtwache ein, weil er nicht gar so dienstbeflissen war wie dereinst der alte Jörg – wurde er sanft am Arm geschüttelt und an seine Pflicht erinnert. Wenn er die Augen aufschlug, sah er nur noch einen blauen Schatten davonhuschen. Schnell machte es die Runde – die blaue Agnes ist zurück und hält ihren Turm in Ordnung.

Nach einer Weile beschränkte sie sich nicht mehr nur auf den Simpel. Sie besuchte sämtliche Wachtürme in der Stadt. Fegte hier die Brotkrumen vom Tisch oder legte dort ein Laken zusammen. Vor allem aber warnte sie vor großen Bränden, oft bevor es so weit kam. Die Wächter lernten ihre Zeichen zu deuten. Schlug sie zart die Feuerglocke an oder legte einem Wächter das Feuerhorn auf seinen Stuhl, dann wusste er Bescheid und schickte den Löschtrupp los. So manches Haus und manches Leben konnten so vor der Feuersbrunst bewahrt werden. Noch heute spricht man voller Dankbarkeit von der blauen Agnes, der Schutzpatronin der Nürnberger Türme.

Wer glaubt, die blaue Agnes habe mit ihren blauen Gewändern eine angeblich „typische" Jungsfarbe getragen, der irrt sich gewaltig. Noch bis ins 19. Jahrhundert war es genau andersherum. Mädchen bekamen hellblaue Gewänder, und Jungen war die Farbe Rosa vorbehalten!

In das Warnsystem vor Feuer waren auch die Kirchen St. Sebald und St. Lorenz eingebunden. Betrachtet man sie genau, kann man dort heute noch die Öffnungen in jeweils einem der beiden Türme erkennen. Im Mittelalter wurde mit Hilfe von Fahnen beziehungsweise Fackeln angezeigt, in welchem der acht Gebiete Nürnbergs es brannte. Auf die Weise wusste der Löschtrupp, wo er benötigt wurde, und die Menschen konnten sich in Sicherheit bringen.

Auf den Sinwellturm kann man hinaufsteigen, um den herrlichen Ausblick zu genießen. Oder man beobachtet über eine Webcam im Internet die heutigen Bewohner des Turms: Wanderfalken, die dort nisten und ihre Jungen aufziehen.
www.lebensraum-burg.de/Wanderfalke/Webcam

Eine Wette mit dem Teufel

Wie es bei Herrschern häufig anzutreffen ist, war es auch ein Kaiser gewohnt, dass er nur zu befehlen brauchte, und schon gingen seine Wünsche in Erfüllung. Dieses Mal hatte er sich in den Kopf gesetzt, die Kapelle in seiner Burg in Nürnberg zu erweitern. Zwar gab es unten im sogenannten Heidenturm bereits eine Kapelle, aber die war ihm zu klein und schien ihm arg düster geraten.

„Beinahe komme ich mir vor wie in einer Krypta!", befand der Kaiser. „Das mag für den einfachen Hofstaat genügen, aber für mich und meine Familie wünsche ich, dass eine Halle aufgestockt wird, die dem Himmel näher ist! Leicht und gefällig muss sie sein, mit Säulen aus Marmor, die den Anschein erwecken, als würde das Dach wie ein Firmament über uns schweben!"

Stumm stand der Kaplan der Kapelle neben ihm und ahnte, was folgen würde.

„Bis zu meinem Besuch im nächsten Jahr erwarte ich die Fertigstellung. Kümmert Euch darum!"

Grundsätzlich hatte der Kaplan nichts gegen den Umbau einzuwenden. Die Erweiterung bedeutete auch für ihn eine größere Kapelle – mehr Schäfchen zur Sonntagsmesse, mehr Einfluss bei Hofe. Aber wie sollte das alles bis zum nächsten Aufenthalt des Kaisers zu schaffen sein?

Er ließ Nürnbergs fähigsten Baumeister antreten. Der befühlte die Mauern, nahm Maß und kritzelte einiges in sein ledergebundenes Buch. Dann nickte er langsam. „Eine Doppelkapelle – das lässt sich wohl machen! Das Gewölbe wird sich selbst tragen und unserem Kaiser vorkommen wie der Himmel!"

Der Kaplan rieb sich die Hände und sah sich bereits zum kaiserlichen Berater befördert.

„Ich kann noch heute meine Steinmetze beauftragen, wenn wir uns beim Preis einigen“, fuhr der Baumeister fort. „Lediglich eine Sache kann ich nicht erfüllen.“

Des Kaplans Tagtraum platzte, als er nachfragte: „Was ist es?“

„Die Säulen“, erklärte der Baumeister. „Wir haben Sandstein hier. Er ist gut zu bearbeiten und sieht fein aus.“

„Aber es ist kein Marmor“, jammerte der Kaplan.

„Beschaff mir Marmor und ich baue ihn dir ein“, beharrte der Baumeister. „Aber die Wege von Italien sind weit und mühsam. Ich sehe schwarz, wie wir das in der knappen Zeit bewältigen sollen!“

Der Kaplan schob dieses Problem beiseite und ließ mit der Planung und dem Bau beginnen. Um dem Kaiser zu gefallen, gaben sich alle Handwerker die größte Mühe und sie kamen recht gut voran.

Nur eines plagte den Kaplan und suchte ihn immer wieder des nächtens in düsteren Träumen heim. Der Marmor! Je näher der bereits angekündigte Besuch des Kaisers rückte, desto schlechter schlief er. Wieder einmal schreckte er hoch und sah in der Ecke seiner Kammer jemanden stehen. War das der Baumeister? Was führte den denn zu ihm – mitten in der Nacht? Er rieb sich die Augen und erkannte, dass es nicht der Baumeister, sondern ein Fremder war.

„Was willst du hier?“, rief er ihn an. „Ich bin ein bescheidener Mann der Kirche, bei mir gibt es nichts zu holen!“
„Ich will auch nichts von dir holen. Im Gegenteil, ich will dir etwas bringen, das du sehr begehrst!“

Etwas in dem Kaplan verkrampfte sich. So vordergründig freundlich die Stimme auch klang, er erkannte ihn dennoch.

„Du – du bist der Teufel!“, rief er. „Verschwinde sofort. Mein Herz ist rein und gehört dem himmlischen Herrn!“

„Mag sein“, kicherte der Teufel. „Aber kann dein feiner Gott dir auch die Marmorsäulen besorgen?“

Heftig schüttelte der Kaplan den Kopf. „Von dir nehme ich nichts, egal wie dringend ich es brauche!“

„Hör dir mein Angebot doch erst einmal an“, schmeichelte der Teufel.

Der Kaplan hielt sich die Ohren zu, doch der Teufel sprach einfach weiter und wurde gehört.

„Wenn ich nicht irre, musst du gleich die Morgenmesse halten. Kurz und knapp, wie es bei euch unter der Woche üblich ist. Ich werde dir – noch während du die Messe liest, die Säulen aus Rom besorgen. Alle vier.“

„Was willst du dafür?“, rutschte es dem Kaplan heraus.

„Wenn ich es schaffe, bevor du mit der Messe fertig bist, dann steht mir deine Seele zu!“, verlangte der Teufel.

Der Kaplan schnappte nach Luft. „Wieso sollte ich darauf eingehen, du Teufel?“

Der grinste breit. „Wenn ich es nicht schaffe, dann bekommst du die Säulen. Einfach so. Und bedenke, damit erfüllst du den Auftrag deines weltlichen Herrn!“

Da geriet der Kaplan in ein schreckliches Dilemma. Himmel und Erde rangen um ihn. Ein Einfall gab schließlich den Ausschlag. Der Weg nach Italien war weit. Sehr weit! Selbst für den Teufel, der sicherlich fliegen würde. Um die Messe zu lesen, brauchte der Kaplan kaum mehr als eine Viertelstunde. Unmöglich, dass der Teufel den Transport von vier Säulen in derselben Zeit schaffen könnte. Aber er hatte damit die unglaubliche Gelegenheit, dem Ärger des Kaisers zu entgehen!

„Ich schlage ein!“, rief der Kaplan kurzentschlossen. „Aber du darfst wirklich erst los, wenn ich mit der Messe begonnen habe!“

„So sei es!“, sagte der Teufel zufrieden.

Gelassen wartete er ab, bis der Kaplan aufgestanden war, sich angekleidet und sein Messgewand angelegt hatte. Er begleitete ihn sogar bis zum Eingang der Kapelle, wo einige wenige Gläubige und der Messdiener warteten. Nur ins Innere der unteren, bereits geweihten Kapelle, konnte der Teufel nicht mit.

„Ich lasse zum Beginn die Messglocke läuten“, sagte der Kaplan.

„Ganz wie du es willst“, lachte der Teufel und erhob sich tatsächlich erst, als das helle Klingeln ertönte.

Aber dann rief er sofort zwei seiner engsten Begleiter herbei: Blitz und Donner. Er zog sich auf den Blitz hinauf wie auf ein Feuerpferd und ließ sich von ihm durch die Luft tragen. Der Donner grollte hinter ihnen her, so dass die Erde erbebte.

Dieses Gewitter hörte auch der Kaplan in der Kapelle. Er erzitterte, bekreuzigte sich rasch und begann die Messe zu lesen. Doch kaum hatte er die ersten Worte gesprochen, schoss ein greller Blitzstrahl durchs Fenster der oberen neuen Kapelle und die erste Säule landete auf deren Boden. Es folgte ohrenbetäubendes Trommeln von Regentropfen auf das Gewölbe. Tapfer erhob der Kaplan die Stimme dagegen und bat seinen Herrn um Vergebung und Beistand. Wie hatte er nur glauben können, den Teufel zu besiegen?

Kaum die Hälfte der Messe ward gelesen, als nicht nur die zweite, sondern auch schon die dritte Säule mit Blitz und Donner angekommen waren. Jedes Mal noch flammender und polternder als die Vorgänger.

Die Besucher der Messe hatten sich ängstlich neben den Sockel einer Marienstatue gekauert. Der Messdiener versteckte sich hinter dem Altar. Die Angst griff auch nach dem Herzen des Kaplans. In wenigen Augenblicken würde die letzte Säule hereingeschafft, und er müsste mit seinem Seelenheil bezahlen.

In seiner Not fiel ihm nur eines ein: Wie zum Teufel sollte der die ganze Messe auswendig kennen? Nicht einmal alle Gläubigen taten das. Also versuchte er das Einzige, was ihm übrigblieb, er sprach die abschließenden lateinischen Worte: „Ite, missa est, Dominus vobiscum!" (Gehet hin in Frieden, der Herr ist mit euch!)

Genau das hörte der Teufel, der auf seinem Blitz gerade mit der letzten Säule vor dem Kapellenfenster angekommen war. Blanker Zorn packte ihn, weil er dachte, der Kaplan hätte es doch geschafft, die gesamte Messe zu lesen. Mit aller Kraft schleuderte er die Säule zum Fenster hinein und lachte hämisch, als sie sich durch den Aufprall der Länge nach in zwei Hälften spaltete.

„Da, du Scheinheiliger – wenigstens kannst du mit deinem Sieg nichts anfangen!"

Doch sogar da irrte der Herr der Hölle. Als das Gewitter sich gelegt hatte und der Kaplan wieder halbwegs bei Sinnen war, ließ er den Baumeister holen. Der besah sich den Schaden und wiegte, wie er es so oft tat, den Kopf.

„Ein sauberer Bruch. Wir könnten es mit einem Eisenring versuchen, der beide Hälften zusammenhält."

Und so bekam der Kaiser, was er bestellt hatte, und er war bei dem Einweihungsgottesdienst voll des Lobes für seinen Kaplan. Nicht ahnend, welch hohen Preis der beinahe für die anmutigen Säulen bezahlt hätte.

Als der Kaiser ihm aber anbot, ihn der Geistlichkeit als möglichen Bischof zu empfehlen, winkte der Kaplan ab. Er wollte sich nicht noch einmal von einem falschen Angebot vom richtigen Weg abbringen lassen.

Wer die Kapelle im Heidenturm betritt, der halte Ausschau nach dem Eisenring, der bis heute die Säule zusammenhält und zeigt, wie man dem Teufel ein Schnippchen schlägt!

Bei einem Rundgang durch die restliche Burg wundert man sich vielleicht über die spärliche Einrichtung. Dazu muss man wissen, dass ein Kaiser fast ständig unterwegs war, um sein großes Reich zu regieren. Ihm unterstanden viele Burgen, aber er besaß kaum eigene Möbel. Sie wären bis zu seinem nächsten Besuch verstaubt oder von Mäusen angeknabbert worden. Wenn er sich dann ankündigen ließ, brachte er allerdings mehr als tausend Leute mit – seine Familie, Berater, Köche, Diener …

Räumlichkeiten für alle gab es genug, die mussten bloß geputzt und hergerichtet werden. Aber man konnte einen Kaiser schlecht auf dem Boden sitzen lassen. Also hatte jeder Patrizier leihweise einige Möbelstücke beizusteuern, die dann eilig den Burgberg hinaufgeschleppt wurden. Lediglich sein eigenes Bett soll der Kaiser stets mitgebracht haben.

Die Steckenreiter sind los

Wieder einmal war Nürnberg Schauplatz wichtiger Ereignisse. Lange, viel zu lange hatte er gedauert – der Dreißigjährige Krieg. Aber nun kam man endlich zusammen und sprach über den Frieden.

Der Kaiser, der zu der Zeit Ferdinand III. hieß, hatte einen besonderen Vertrauten geschickt, der in seinem Namen verhandeln sollte. Er war ein Herzog aus Italien und hieß Oktavio. Ein temperamentvoller und wortgewandter Abgesandter soll er gewesen sein, aber durchaus auch interessiert an seiner Umgebung. Ihm war zu Ohren gekommen, dass die Stadt bekannt für ihren Tand und ihr Spielzeug war, also fragte er nach: „Ich sehe ja gar niemanden spielen? Was spielt man denn so in Nürnberg?"

Sein ihm zur Seite gestellter Diener antwortete: „Ach wisst ihr, unsere Puppenküchen und Zinnsoldaten bringen bisweilen sogar mehr Freude als die großen Vorbilder."

Der Herzog, der zwar selbst Soldat gewesen war, hatte aber zum Glück viel Humor und lachte laut und herzlich über die Bemerkung.

Damit gewann er neben dessen Respekt auch die Zuneigung seines Dieners, und der erzählte die kleine Begebenheit mit Begeisterung weiter.

Das wiederum brachte einen der Nürnberger Handwerksgesellen auf die Idee, den Humor des Herzogs weiter auf die Probe zu stellen.

Wo immer er ein paar Kinder traf, raunte er ihnen verschwörerisch zu: „Habt ihr schon gehört? Wer am nächsten Sonntag vor dem Haus des Herzogs auf einem Steckenpferd auf- und abreitet, bekommt einen Taler!"

Einen Taler! Das war ein kleines Vermögen! Kein Wunder, dass sich am Sonntag nach der Messe eine ganze Schar von Kindern mit ihren hölzernen Pferdchen versammelte und fröhlich herumtrabte. Einige, die kein Steckenpferd besaßen, hatten sich sogar selbst eines aus den alten Besen oder Schrubbern ihrer Mütter zusammengebastelt.

Der Herzog hatte sich eigentlich gerade zu einem Mittagsschläfchen niederlassen wollen und war erstaunt über den Tumult vor seinem Fenster. Als er hinausblickte, wurde das Gejohle nur noch lauter. Die Kinder jubelten und winkten ihm zu, damit er zu ihnen käme. Ein paar ließen sogar ihre Pferde wiehern und mit den Hufen trommeln.

Da winkte der Herzog seinen Diener herbei und zeigte ihm die Versammlung: „Wolltest du mir damit zeigen, wie man in Nürnberg spielt?"

Der Diener schüttelte den Kopf. „Ich habe sie nicht herbestellt, Herr! Das schwöre ich!"

„Schon gut! Aber ein Zufall kann es doch kaum sein, dass all eure Kinder vor meinem Haus reiten. So geht denn hinunter und fragt sie, was sie wollen!"

Der Diener tat wie ihm geheißen und kam mit der verblüffenden Nachricht zurück: „Jemand hat ihnen gesagt, sie bekämen einen Taler, wenn sie vor Eurem Haus diese Parade abhalten!"

„Mir scheint, ihr Nürnberger seid nicht nur ein verspieltes, sondern auch ein ausgebufftes Völkchen", lachte der Herzog. „So geh noch einmal hinunter und bedanke dich bei unseren Besuchern für ihr Erscheinen. Leider bin ich heute nicht auf ihren Auftritt vorbereitet. Aber wenn sie in einer Woche wiederkommen, werde ich das Versprechen halten, das ich nie gegeben habe!"

Der Diener gab die Botschaft seines Herren weiter und die Steckenreiter zogen johlend von dannen, nicht ohne sich vorher noch artig verbeugt zu haben.

„Was wird mein Herzog mit denen tun, die es tatsächlich wagen, nächsten Sonntag zurückzukehren?“ Das fragte sich der Diener und hoffte inständig, dass es die Geduld und den Humor seines Herren nicht überstrapazieren würde.

Wie erwartet, tauchten die Reiter mit ihren kunterbunten Steckenpferden sonntags darauf wieder auf der Straße vor des Herzogs Unterkunft auf. Noch zahlreicher diesmal. Sie hatten sich sogar eine bestimmte Reitordnung einfallen lassen und führten direkt unter seinem Fenster ein kleines Turnier auf.

Begeistert klatschte der Herzog Beifall. Dann nahm er seinen ledernen Beutel und ging diesmal höchstpersönlich zu ihnen hinunter. Zu jedem einzelnen Kind trat er und drückte ihm ein Stück aus dem Beutel in die Hand. Silbern war es, aber nicht rund wie ein gewöhnlicher Taler. Der

Herzog hatte extra eine viereckige Münze prägen lassen. Auf der Rückseite zeigte sie den Reichsadler und ließ Kaiser Ferdinand III. hochleben. Auf der Vorderseite aber war ein Bursche zu sehen. Auf einem Steckenpferd und mit einer kleinen Reitgerte in der Hand – gerade so wie einer von denen, die vor dem Herzog standen.

„Nehmt die Münzen mit nach Haus und bewahrt mit ihr das, was wir innerhalb eurer schönen Stadtmauern beschlossen haben. Unser Friede halte ewig!"

In mancher Nürnberger Familie wird besagte Münze heute noch gehütet wie ein Schatz! Außerdem ist Nürnberg nach wie vor die Hauptstadt des Spielzeugs.

Davon überzeugen kann man sich jederzeit im Spielzeugmuseum. Angefangen hat alles mit den „Dockenmachern". Auch wenn der Begriff heute nicht mehr gebräuchlich ist, das Produkt kennt jedes Kind: Puppen! Aus beweglichen Holzteilen und hübsch bemalt.

Aber auch Puppenhäuser, insbesondere Puppenküchen, allerlei Holzspielzeug, die legendären Steckenpferde und später auch Zinnfiguren und – nicht zu vergessen – Miniatur-Eisenbahnen. Immerhin fuhr die erste echte Eisenbahn in Deutschland am 7. Dezember 1835 von Nürnberg nach Fürth.

Die Glocken läuten in Nürnberg

Die Patrizier Nürnbergs waren zwar nicht adelig, lebten aber ebenso feudal in wunderschönen Stadtschlössern und konnten sich jeden Luxus leisten, von dem die einfachen Leute nicht einmal träumten.

In einem solch herrlichen Haus nicht weit vom großen Markt – heute Hauptmarkt genannt – wohnte einst eine besonders vornehme Familie. Abgesehen vom Mobiliar, das reichlich mit Schnitzereien verziert war, seidenen Gewändern und wertvollem Schmuck, wurden selbst an Werktagen nur die erlesensten Speisen serviert: eine gefüllte Pastete, ein gebratenes Täubchen und häufig sogar noch ein süßer Nachtisch. Verwendet wurde dafür allerdings kein Zucker, den kannte man zu jener Zeit in ganz Deutschland noch nicht – sondern Honig.

Dieser Honig schmeckte dem Sohn des Hauses, Linhard, ganz besonders gut und er hatte sich angewöhnt, auch seine Morgengrütze damit zu versüßen. Aber an jenem Morgen, von dem erzählt werden soll, servierte man ihm nur den puren Haferbrei. Linhard stürmte in die Küche.

„Wo ist mein Honig?"

Die Köchin zeigte ihm den leeren Topf. „Es tut mir leid, junger Herr, aber die Zeidler haben gestern keinen Honig gebracht."

„Dann muss ich eine ganze Woche warten, bis sie wieder in der Stadt sind", jammerte Linhard.

Bedauernd hob die Köchin die Schultern, was sollte sie auch anderes tun – Honig war kostbar und eben nicht ständig zu bekommen. Das aber wollte Linhard nicht einsehen.

„Ich weiß genau, wo die Zeidler meines Vaters ihre Sammelstellen haben. Ich beschaffe mir meinen Honig selbst!"

Schon rannte er los, ohne Joppe oder Mantel anzuziehen, denn es war ein sonniger Tag und er wollte bald zurück sein.

Nach einem strammen Marsch von über zwei Stunden lag der Reichswald groß und verwildert vor ihm. Die Bäume standen dicht an dicht, mannshohes Gebüsch dazwischen. Wer nicht genau wusste wo, den ließ der Wald nicht ein. Linhard hatte aber seinen Vater schon ein paar Mal begleitet und konnte sich an den schmalen Pfad erinnern. So schlüpfte er vom strahlenden Sonnenschein in den angenehm kühlen Schatten der Bäume.

Oh, wie es ihm hier gefiel! Es war so friedlich hier, und doch konnte man hinter jedem Stamm ein Geheimnis vermuten. Für seinen Geschmack viel zu rasch erreichte er die kleine Waldsiedlung, in der die Zeidler hausten. Er hatte Glück, ein Zeidlerpaar anzutreffen, und die Frau erkannte ihn sogar und fragte: „Was treibt Euch allein zu uns in den Wald, junger Herr?"

„Uns ist der Honig ausgegangen", antwortete Linhard wahrheitsgemäß, „deshalb will ich neuen holen."

„Dann müsst ihr Euch ein wenig gedulden, bis wir welchen für Euch gesammelt haben", erwiderte die Zeidlerin.

Das machte Linhard nichts aus, im Gegenteil, hatte er doch endlich Gelegenheit, zu beobachten, wie die Zeidler es anstellten, den Wildbienen ihren Honig abzuluchsen. Die beiden setzten sich ihre breitkrempigen Hüte auf, griffen sich eine Leiter, Seile, einen langstieligen Holzspachtel und allerlei anderes Werkzeug. So ausgerüstet ging es zu einem Baum, an den sie die Leiter anlehnten und der Zeidler bis auf halbe Höhe aufstieg. Bis kurz unter die Baumkrone kletterte er weiter, indem er geschickt das Seil um den Stamm schlang. Linhard wurde beinahe vom Zuschauen schon schwindelig.

„Hoffentlich fällt er nicht herunter", meinte er zu der Zeidlerin, aber die schüttelte bloß den Kopf.

„Wir sind geübt, junger Herr. Aber gebt Ihr lieber Acht, dass Euch keine Biene sticht."

Sie reichte ihm ein dünnes, gerade noch durchschaubares Tuch, das er sich über den Kopf legen sollte. Auch der Zeidler – in schwindelnder Höhe – zog einen solchen Schutz über die Hutkrempe und zündete sich eine Pfeife an, bevor er behutsam das Brett vor der Höhle im Stamm zur Seite nahm und mit dem Schaber hantierte. Die Bienen summten um seinen Kopf herum und waren über die Störung offensichtlich wenig erfreut. Deshalb konnte Linhard nicht ganz genau beobachten, wie der Zeidler die Wachswaben öffnete und den Honig gewann. Aber als er wieder zu ihnen herunterstieg, pfiff er fröhlich ein Liedchen.

„Wart Ihr erfolgreich?", wollte Linhard sogleich wissen.
„Das will ich meinen", lachte der Zeidler. „Unsere Bienchen waren fleißig! Jetzt müssen wir sie wieder ein Weilchen in Ruhe lassen, aber Euch wird der Honig nicht so schnell ausgehen!"
Das freute Linhard und eigentlich hätte er nun gleich wieder umkehren können, aber der Wald hatte es ihm wirklich angetan.

„Es ist so schön bei euch", sagte er. „Ich will mich noch ein wenig umsehen. Bitte bewahrt den Honig für mich, ich komme ihn ein wenig später abholen."
„Verlauft Euch nicht!", mahnten die Zeidler, konnten ihn aber nicht abhalten, da er nun einmal der Sohn ihres Herrn war.

Linhard wiederum freute sich an allem, was er um sich herum entdeckte. Jeder Schritt barg eine neue Überraschung: Ein kleines Bächlein, ein Reh, das sich rasch davonmachte. Zwischen den Farnen fand er sogar eine blaue Vogelfeder mit schwarzen Streifen, die er zur Erinnerung aufhob. Er hätte noch stundenlang umherstreifen können, wäre er nicht irgendwann müde geworden von all den Eindrücken. Das Moos sah so einladend weich aus, so dass er sich niederließ, um die Beine auszustrecken. Nur kurz! Für einen klitzekleinen Moment.

Als er die Augen wieder öffnete, erschrak er. Um ihn herum hatte sich alles verändert. Es drangen kaum mehr Sonnenstrahlen durch das Blätterdach. Lange, schwarze Schatten tanzten um ihn herum. Kaum mehr ein

Vogel, der zwitscherte, dafür knackte es im Unterholz. Er sprang auf. Wollte zurück zu der Zeidlerlichtung. Aber wo war die bloß? Er tappte durch ein Dickicht, ratschte sich an einem Dornenzweig. Lauschte, ob er irgendwo ihre Stimmen ausmachen konnte. Nichts! Er hatte den Weg verloren!

Mittlerweile war sein Fehlen auch bei ihm Zuhause aufgefallen. Beim Mittagsmahl wäre die Mutter beinahe auf die Köchin losgegangen.

„Wie konntet Ihr meinen Jungen allein in den Wald ziehen lassen?"
„Wie hätt ich ihm denn etwas verbieten können?" wimmerte die Köchin.
„Meine Liebe, beruhige dich", meinte der Vater. „Er kennt den Weg und ist bestimmt schon bald wieder hier!"
Bis zum späten Nachmittag ließ die Mutter sich hinhalten, aber dann beharrte sie: „Bitte schick einen Reiter in den Wald, der meinen Jungen zurückholt!"

Der Bote ritt los, kam aber lediglich mit dem Honigtöpfchen zurück, das Linhard nicht abgeholt hatte. Von da an war auch der Vater höchst besorgt. Bei Tag mochte es ein nettes Abenteuer sein, bei Nacht war es im Wald gefährlich. Mindestens ein Wolfsrudel durchstromerte die Gegend und auch von Bären hatte er gehört.

„Wie könnten wir ihm bloß helfen, den Rückweg zu finden", grübelte der Vater halblaut.
„Mein Schluchzen wird er leider nicht hören", weinte die Mutter.

Das brachte den Vater auf eine Idee. „Dein Schluchzen vielleicht nicht, aber wenn es etwas Lauteres wäre ...?"
„Was meinst du?", fragte die Mutter.
„Komm mit mir!", der Vater reichte ihr die Hand. „Wir werden um Gottes Beistand ersuchen."

Die Mutter war skeptisch, aus ihrer Erfahrung halfen Gebete meist nicht sehr schnell. Trotzdem begleitete sie ihren Mann zur Kirche. Zuerst sprachen sie beim Pfarrer von St. Sebald vor, anschließend in St. Lorenz: „Mein Sohn irrt durch den Reichswald und findet die Stadt nicht wieder. Könntet Ihr bitte die großen Glocken läuten, damit er uns hören kann?“

„Eine ungewöhnliche Bitte. Eigentlich soll das Geläut die Gläubigen zum Gottesdienst rufen“, meinte der Pfarrer von St. Lorenz. „Aber weil Ihr es seid, will ich eine Ausnahme machen!“

Und so kam es, dass die beiden Kirchen gleichzeitig ihre Glocken erklingen ließen.

Linhard war mittlerweile sehr verzweifelt. Er war mehrmals im Kreis gelaufen, ihm war eiskalt und das Hemd hatte er sich zerrissen. Da fand mit einem Mal ein sehr vertrauter Klang sein Gehör.

„Die Kirchenglocken! Mein Zuhause muss in dieser Richtung liegen!“

Er hastete los. Über Stock und Stein, egal, ob ihn etwas pikste oder peitschte, nur weiter und weiter! Er hoffte inständig, das Geläut möge lang genug dauern, bis er raus war aus dem Gehölz. Und dann sah er ihn endlich, den Waldrand. So erleichtert war er nie zuvor gewesen! Er schaffte es noch

bis zum nächsten Gehöft, konnte gerade noch seinen Namen nennen, dann sackten ihm die Knie weg. Auch dort war man voller Mitgefühl für den kleinen Ausreißer, spannte den Wagen an und fuhr den Jungen nach Hause.

„Endlich, endlich, endlich!", mehr brachte seine Mutter nicht heraus und sie wollte ihn gar nicht mehr aus ihren Armen lassen.

Auch sein Vater wischte sich eine Träne aus dem Augenwinkel und schwor, den Kirchen so viel Geld zu spenden, dass sie von nun an jeden Abend um neun Uhr ihre Glocken läuten lassen konnten. Sie sollten noch so manchem Verirrten im Reichswald den Rückweg weisen!

Den Beruf der Zeidler hat es wirklich gegeben. Vergleichbar mit dem heutigen Imker, sammelten sie den Honig von Wildbienen. Die Zeidler bereiteten dafür in alten Bäumen mit ihrer Axt Höhlen vor – sogenannte Beuten – und mussten hoffen, dass die Bienen sich dort ansiedelten. Entsprechend war Honig ein Luxusgut, das sich nur die reichen Bürger leisten konnten.

Wer einen Eindruck bekommen möchte, wie die Patrizier in Nürnberg lebten, kann sich in zwei erhaltenen Häusern umsehen. Im Fembo-Haus ist heute das Stadtmuseum untergebracht. Das Hauptgebäude hat den Zweiten Weltkrieg im Gegensatz zu vielen anderen in Nürnberg nahezu unbeschadet überstanden und zeigt eindrucksvoll, wie früher gewohnt wurde. Hier könnte Linhard in der Küche mit der Köchin gesprochen haben.

Im Museum Tucherschloss kann man ebenfalls viele Stücke der Originalausstattung bewundern, die der berühmten Patrizierfamilie gehörten, außerdem den liebevoll restaurierten Hirsvogelsaal.

Der Abstieg in den tiefen Brunnen

Zu Recht war Nürnberg stolz auf seine Burg. Genau genommen waren es sogar zwei Burgen, die des Kaisers und die des Burggrafen, von der allerdings heute nicht mehr viel übrig ist. Gemeinsam zeigten sie weithin Bedeutung und Einfluss der Stadt.

Gleichzeitig boten die Burgmauern Schutz vor Angriffen. Um dafür gewappnet zu sein, brauchte eine Burganlage nicht nur Wächter mit ihren Armbrüsten und Schwertern, sondern auch Verpflegung. Allem voran Wasser. Denn nur mit genug Wasser ließ sich eine länger andauernde Belagerung wirklich durchhalten. Es war kein leichtes Unterfangen, einen Brunnenschacht durch den Felsen zu graben, um an das kostbare Nass zu gelangen. Die Brunnenmeister planten lange und verloren manchen Arbeiter an den über 50 Meter tiefen Brunnenschacht.

Einer, der ebenfalls zum Graben abkommandiert worden war, kam kurz vor Fertigstellung mit aschfahler Miene aus dem Schacht geklettert. Zuerst hielt man es für den grauen Staub des Felsgesteins, aber auch nachdem er sich das Gesicht gewaschen hatte, blieb der Arbeiter verängstigt und blickte sich ständig über die Schulter nach dem Loch in die Tiefe um.

Dazu muss man wissen, dass die Arbeiter – wie damals üblich – in der Nähe ihres Einsatzortes in behelfsmäßigen Baracken untergebracht waren, damit sie gleich mit Sonnenaufgang ihr Tagwerk beginnen konnten.

Am abendlichen Lagerfeuer schwieg der Arbeiter weiter und stierte vor sich hin.

„Was ist denn, Bruder?“, fragte einer der anderen schließlich. „Du siehst aus, als hättest du einen Geist gesehen?“

Der Angesprochene zuckte zusammen. „So ist es. Obwohl ich nicht zu bestätigen vermag, er wäre wirklich ein Geist gewesen. Aber ich schwöre euch, es war der erste Kaiser, und er hält dort unten Hof in aller Pracht, als wär er nie gestorben!"

Ein paar lachten ihn aus. „Eine blühende Fantasie hast du, das muss man dir lassen! Aber wir lassen uns nicht an der Nase herumführen!"

Doch der Spott hielt sich nur kurz. Bis zu der Nacht, in der die Lebenden und Toten besonders nah zueinander rücken, die Hexennacht nämlich vom 30. April auf den 1. Mai. Da saßen die Männer wieder dicht ums Feuer gedrängt, als aus dem Brunnenschacht – für alle vernehmbar – ein Flüstern zu hören war, gefolgt von deutlichem Poltern und Hufgetrappel. Die Blicke aller wanderten zu dem Arbeiter, der vom Kaiser im Schacht berichtet hatte. Der nickte bloß. „Wie ich es euch gesagt habe! Die Gefolgsleute vom großen Karl – sie tränken ihre Pferde ..."

Am nächsten Morgen waren fast alle Arbeiter verschwunden – sie hatten beschlossen, auf anderen Baustellen ihr Glück zu versuchen. Kaum noch einer wollte in die Tiefe steigen, deshalb dauerte es noch geraume Zeit, bis der Brunnen fertiggestellt werden konnte.

Viele Jahrzehnte später hielt sich immer noch hartnäckig das Gerücht vom großen Kaiser, der im tiefen Brunnen Hof hält. Auch die neuen Ratsherren hörten davon und hätten zu gerne gewusst, ob es wahr wäre, was man sich in den Gassen erzählte.

„Sieh doch selbst nach", stachelte der alte Ebner einen anderen Patrizier an.
„Bin ich lebensmüde?", rief der angesprochene Patrizier Groß zurück.
„So wenig wie ich", räumte Ebner ein. „Dennoch wüsste ich zu gern, ob er prächtiger haust als wir in unserem schönen Rathaussaal!"
„Man müsst halt einen finden, der nachschaut, einen der nichts zu verlieren hat!"
Sie grübelten. Da fiel dem Ebner tatsächlich jemand ein.

„Wir haben doch in der Zelle einen sitzen, der auf seine Hinrichtung wartet."
„Was willst du denn mit diesem Strauchdieb?", fragte Groß.
Listig lächelte der Ebner: „Wir könnten ihn vor die Wahl stellen."

Sie ließen sich den Verurteilten vorführen und unterbreiteten ihm ihr Angebot: „Steig in den tiefen Brunnen und finde heraus, ob dort unten wirklich Kaiser Karl der Große Hof hält, dann schenken wir dir dein Leben!"

Der verurteilte Vitus musste nicht lange nachdenken: „Es gilt!", rief er, bevor die hohen Herren es sich noch anders überlegen konnten.

Festgebunden an dem Seil, an dem sonst der Eimer zum Wasserschöpfen hinabgelassen wurde, entließ man nun den Vitus in das Loch. Als es um ihn herum immer dunkler und die Öffnung nach oben kleiner und kleiner wurde, beschlich Vitus doch ein mulmiges Gefühl. Zwar fürchtete er nicht den Tod, aber was, wenn ihn dort unten noch Schlimmeres erwartete? Er bereute zutiefst, nicht wenigstens eine Fackel verlangt zu haben. So musste er auch noch blind die feuchten Wände abtasten.

Tatsächlich stieß er auf einen Gang, der vom Brunnenschacht abging und weiter in den Felsen führte. Er band sich von dem Seil los und tat einige unsichere Schritte hinein. Wohin mochte ihn der Gang führen? Oder sollte er lieber umdrehen und sein vorbestimmtes Schicksal annehmen?

Ein Geräusch drang zu ihm, das wie ein Hüsteln klang, nur schwach, als wär es noch weit entfernt, aber ziemlich sicher menschlich. Da nahm er all seinen Mut zusammen und tappte weiter, so leise er es in der Dunkelheit vermochte.

Es kam ihm ewig vor. Das Schwarz um ihn herum hatte ihm jegliches Zeitgefühl genommen. Doch dann wurde es heller, der tanzende Schein von Fackeln kündigte sein Ziel an. Vitus blieb der Mund offen stehen. Aus der Enge des Gangs trat er in einen gigantischen Saal. Der Lichtschein blendete ihn, überall Feuerschalen, Ritter in glänzenden Rüstungen, und selbst Boden und Wände waren reich verziert. In der Mitte stand ein schwerer Tisch, an dem saß – mit seiner edelsteinbesetzten Goldkrone auf dem Haupt, wahrhaftig Kaiser Karl. Sein Bart war ihm so lang gewachsen, dass er sich mehrere Male um das Tischbein gewickelt hatte. Dummerweise hatten der Kaiser und sein Gefolge auch Vitus bemerkt und hielten ihn für das, was er ja auch war – einen Dieb.

„Fasst ihn!", befahl der Kaiser.

Vitus hastete rückwärts zurück zu seinem Gang. In der Panik stolperte er über einen losen Stein und fiel hin. Im Abfangen bekam seine Hand zufällig den Stolperstein zu fassen, er rappelte sich auf, steckte den Stein unbesehen in seine Tasche und stürmte weiter.

Zu seinem Glück kannte er sich in dem Gang nun aus und rannte, so schnell er konnte zurück zum Brunnenschacht. Lange hörte er sie noch hinter sich, aber schließlich wurden die Rufe immer leiser, und er erreichte unbehelligt sein Seil, das er sogleich wieder umband. So kräftig er konnte, zog er daran, damit man ihn wieder hinaufbeförderte.

Oben angekommen, war er noch immer völlig außer Puste und überwältigt von dem Erlebten. Die Ratsherren bedrängten ihn: „Was hast du gesehen? Ist dort unten der große Karl?"

„Ja, oh, ja! Er ist ... da... das könnt ihr euch gar nicht vorstellen. Alles voller Gold. Und der Bart ... so lang ...!"

„Was stammelst du denn da?", fragte der Ebner skeptisch.

„Der will uns eine Lüge auftischen, um sein Leben zu retten!", vermutete der andere Ratsherr.

„Das glaube ich allerdings auch!" Ebners Blick wurde hart. „Wenn du deine Geschichte nicht beweisen kannst, du Dieb, dann stecken wir dich zurück in deine Zelle!"

Der Angstschweiß rann Vitus über den Rücken. Wie sollte er nur beweisen, dass er nicht log? Genauso unmöglich wie er dem Kaiser nicht hatte beweisen können, dass er ihn nicht bestehlen wollte. Da fiel ihm in seiner Not der Stolperstein wieder ein. Wahrscheinlich würde ein Stück Felsen die Ratsherren nicht umstimmen, aber einen anderen Beweis hatte er nicht. Also holte er ihn aus der Tasche und hielt ihn den hohen Herren hin.

Die rissen die Augen auf.

„Da brat mir einer eine Wurst! Er sagt doch die Wahrheit!", rief der Ebner.

Nun sah es auch Vitus – sein Stein war kein Felsbrocken, sondern ein funkelnder Diamant.

Es gab keinen Zweifel mehr! Der Ebner stand zu seinem Wort und begnadigte Vitus. Für seine Unerschrockenheit bewundert, konnte er noch lange weiterleben. Aber in den tiefen Brunnen zu Kaiser Karl dem Großen hat sich seither keiner mehr getraut.

Um zu verstehen, warum der Verurteilte das Wagnis des Abstiegs auf sich genommen hat, fängt man am besten mit einem Besuch im Lochgefängnis an.

In einer stockdunklen, kalten, einsamen Zelle hockte er im Kellergewölbe des Rathauses. Bis zu seinem Urteil hatte er sicher schon in der sogenannten „Kapelle" die Folterwerkzeuge gezeigt oder sie sogar am eigenen Leib zu spüren bekommen, um dann – nach seinem Geständnis – auf den Henker warten zu müssen. Vorher hätte er noch seine Henkersmahlzeit bekommen, ein üppiges und sogar gut zubereitetes Essen, um den Verurteilten das Urteil schmackhafter zu machen – sprich – sie zu beruhigen und träger werden zu lassen, damit sie sich weniger aufregten und wehrten. Kein Wunder also, dass die Aussicht auf Begnadigung und Freiheit mehr als verlockend erschien!

Heute muss niemand mehr in den tiefen Brunnen hinunterklettern, aber man kann im Brunnenhäuschen der Burganlage lauschen, ob man Kaiser Karl den Großen möglicherweise immer noch hört!

Till Eulenspiegel in Nürnberg

Da er in seiner Heimat längst berühmt und vor allem als Schelm berüchtigt war, begab sich Till Eulenspiegel auf Reisen, um auch andere Städte, Landschaften und Leute, die ihn nicht sofort erkannten, mit seinen Streichen zu beglücken.

Eines sonnigen Tages entschloss er sich, das schöne Nürnberg zu besuchen, von dem er schon viel gehört hatte. Als er die Burg und die Stadttore von Weitem sah, konnte er sich gut vorstellen, ein wenig länger zu verweilen.

„Ein schönes Plätzchen und genug Platz für meine Einfälle", dachte er sich. „Wenn nur mein Magen nicht gar so grausig knurren tät und mein Geldsäckel noch leerer wäre als mancher Leute Kopf ..."

Er setzte sich auf einen großen Stein am Wegesrand, aß sein letztes Stückchen harten Käse und betrachtete das Loch in seiner linken Socke.

„Ich sollte mir einen neuen Beruf suchen! Mit Arbeit ist doch immer noch das beste Geld zu verdienen! Aber was wähle ich diesmal?"

Einiges hatte er schon ausprobiert – unter anderem Bäcker, Schneider und Zimmermann. Doch für diese besondere Stadt sollte es auch ein besonderer Beruf sein. Er grübelte eine Weile vor sich hin, dann fiel ihm das neu erbaute Spital ein, von dem er gehört hatte.

„Ha – eine vortreffliche Fügung! Die können einen wie mich sicher gut gebrauchen. Ein Doktor wollte ich schon lange sein."

Ein Schelm kann natürlich kein gewöhnlicher Doktor werden, sondern etwas viel Besseres! Till Eulenspiegel malte sich ein Schild, auf dem sein Titel zu lesen war:

Wunderdoktor in der Stadt

Nachdem er durch das Neutor die Stadt betreten hatte, machte er sich schnurstracks auf zur größten Kirche, um dort – möglichst gut sichtbar – sein Schild am Eingang anzubringen. Anschließend setzte er sich davor und wartete.

Schon kamen die ersten Schaulustigen, lasen das Schild und fragten: „Kennst du den Doktor? Was sagt man über ihn?“
„Ei“, antwortete Till, „er soll der größte Doktor Land auf Land ab sein und jeden Kranken heilen können!“

Das machte Eindruck auf die Leute und die Neuigkeit machte die Runde. Auch im Spital über der Pegnitz sprach es sich herum. Der Verweser dort erkannte die Gelegenheit: „Ein Wunderdoktor kommt uns gerade recht. Es gibt so viele Kranke bei uns, wir kommen kaum noch hinterher, sie zu behandeln. Vor allem hätte ich mir längst ein kleines Päuschen verdient! Holt ihn zu uns, bevor ihn sich ein anderer schnappt!“

Als die Botschaft aus dem Heilig-Geist-Spital ihn erreichte, freute der Schelm sich, war das doch genau sein Ziel gewesen. Ohne Umschweife leistete er dem Ruf Folge.

„Könnt Ihr wirklich alle unsere Kranken gesund machen?“, fragte der Verweser ihn direkt heraus.

Till genoss die höfliche Anrede, wurde er doch sonst häufig geduzt wie ein Knecht oder Scharlatan. Nürnberg war eine feine Stadt!

„Freilich kann ich das!“, entgegnete er. „Wie viele Kranke habt Ihr denn?“

Wunderdoktor
in der Stadt

„Folgt mir", forderte der Verweser ihn auf und führte ihn in einen großen Saal, in dem Bett an Bett stand. Und in jedem lag einer, der vor sich hin stöhnte, leidend und kränklich aussah.

Till Eulenspiegel wiegte den Kopf hin und her und raunte dem Verweser zu: „Das sind wahrlich viele Patienten, lieber Kollege. Ich kann sie heilen, allerdings wird das nicht billig!"

„Wie viel kostet es denn?", fragte der Verweser.

„200 Gulden müsst ich schon nehmen", meinte der Schelm.

200 Gulden, das war viel Geld, der Verweser zögerte einen Moment, rechnete und wägte ab. Immerhin würde er auf einen Schlag alle Kranken los sein.

„Euer Preis ist hoch, aber scheint mir angemessen, wenn Ihr wirklich alle bis heute vor Sonnenuntergang geheilt habt."

„Das sollte wohl gelingen", behauptete Till. „Ich muss allerdings jeden Patienten einzeln und unter vier Augen behandeln, wenn es Euch keine Umstände bereitet?"

„Keine Umstände", beeilte sich der Verweser zu versichern. „Verfügt über mein Sprechzimmer!"

Jeden Patienten bat Till nun zu sich und erklärte ihm seine Heilmethode.

„Wisse, ich kann ein Pulver herstellen, das dich heilen wird!"

Oh, was hörte das ein jeder Kranke gerne!

„Allerdings", fügte Till Eulenspiegel hinzu, „muss ich dir noch ein Geheimnis anvertrauen, das du niemandem verraten darfst, wenn du wirklich gesund werden willst!"

Wie erwartet beteuerte jeder eifrig: „Ich werde schweigen wie ein Grab!"

„Gut für dich, so höre also: Für mein Pulver muss ich einen von euch Siechenden verbrennen, um dessen Asche den anderen in einem Trank zu geben. Grausam, ich weiß, aber bedenke, dass damit alle anderen gerettet werden!"

Da wurde jeder der Patienten bleich wie Kreide, aber Till beruhigte sie.

„Keine Sorge, dich wird es doch nicht treffen. Ich habe mir überlegt, den Kränksten unter euch zu nehmen. In einer Stunde, wenn ich mir alle angesehen habe, werde ich zu euch in den Krankensaal kommen und meine Auswahl treffen!"

Als er nun, wie angekündigt, eine Stunde später mit dem Verweser den Saal betrat, waren überraschenderweise alle Betten leer. Selbst der Bettlägerigste unter ihnen hatte sich seine Krücken geschnappt oder sich sonst wie fortgeschleppt, nur um nicht ausgewählt zu werden. Der Verweser allerdings deutete es falsch und war überwältigt: „Ein wahres Wunder! Wie habt Ihr das so schnell zuwege gebracht, wozu Eure Kollegen in Monaten und Jahren nicht in der Lage waren?"

Till lächelte süß. „Das zu verraten, lieber Verweser, würde mir das Geschäft ruinieren. Doch das Ergebnis spricht für sich, wenn ich also bitten dürfte ..."

„Ihr dürft, Ihr dürft!"

Der Verweser überreichte dem Wunderdoktor einen Beutel mit 200 Gulden, kramte dann noch in seinem eigenen und legte sogar noch 20 Gulden obendrauf. „Nehmt das, es ist wohl verdient!"

Das musste er Till Eulenspiegel nicht zweimal sagen, der nahm das Geld, verbeugte sich leicht und zog von dannen. So schnell er konnte, verließ er Nürnberg und gönnte sich erst nach mehreren Wegstunden die Einkehr in ein Gasthaus. Dort bestellte er alles, was auf der Karte stand, verspeiste es bis auf den letzten Krümel und bestellte dann das Gleiche noch einmal.

In Nürnberg aber kehrten am nächsten oder allerspätestens am übernächsten Tag alle Kranken zurück ins Spital, denn – wie könnte es anders sein – ihre Gebrechen waren ja nie geheilt gewesen.

Kopfschüttelnd befragte der Verweser sie, warum sie denn das Haus erst verlassen hätten. Schließlich brach einer das Gelübde und erzählte, was der Wunderdoktor verbreitet hatte. Da erkannte der Verweser seinen Fehler und schlug sich die flache Hand gegen die Stirn: „Der kränkste Esel bin ich, denn ich bin auf einen Schelm hereingefallen und habe ihm sogar noch 20 Gulden extra gegeben!"

Ob der Schelm wirklich gelebt hat, ist nicht ganz sicher geklärt, aber das Buch über seine gesammelten Streiche mauserte sich schon im 16. Jahrhundert zu einem echten Bestseller, und Till Eulenspiegel war damals ungefähr so bekannt wie heutzutage Harry Potter.

Im Heilig-Geist-Spital wiederum wurden noch viele Jahrhunderte nach seinem Besuch kranke Menschen behandelt, bis es im Zweiten Weltkrieg leider fast vollständig zerstört wurde.

In den 1950er Jahren baute man es – bis auf die Kapelle – wieder auf. Heute befinden sich dort unter anderem ein Restaurant und wieder eine Wohnanlage für Senioren.

Es lohnt sich, nicht nur den schönen, in den Fluss gebauten, Teil des Gebäudekomplexes aus der Entfernung zu betrachten, sondern auch über die Heubrücke zur Vorderen Insel Schütt zu wandern. Denn dort erwartet einen, dem Spital gegenüberliegend, zusätzlich der Schuldturm, einer der wenigen erhaltenen Türme der früheren Stadtmauer.

Die Nacht des Nusskaspars

Vor den Toren der freien Reichsstadt lag das Knoblauchsland. Dort lebte einst ein Bauer. Er baute Knoblauch an und hatte zusätzlich am Rand seines Feldes ein paar Walnussbäume gepflanzt. Über viele Jahre erntete er im Herbst besonders wohlschmeckende Nüsse, weswegen man ihn den Nusskaspar nannte. Doch die guten Tage waren bald gezählt, und es folgte eine Pechsträhne auf die nächste für den armen Kaspar.

Mal rammte sich sein Pflug derart tief in den Boden, dass es zwei Tage und vier Ochsen brauchte, ihn wieder herauszuziehen. Mal zerstörte ein Hagelschlag seine halbe Ernte und im Jahr darauf brach er sich den Arm, weil er beim Pflücken vom Nussbaum heruntergefallen war. Jeder Ackerstein landete ausgerechnet auf seinem Feld, und jede Krähe pickte zielsicher seine Saat.

So verwandelte er sich vom Nusskaspar in einen waschechten Pechvogel. Besonders verdrießte ihn, der Einzige zu sein, dem alles misslang, während bei seinen Nachbarn alles prächtig wuchs und gedieh. Das besserte – wer will es ihm verdenken – nicht gerade seine Laune. Er wurde mürrisch, schimpfte und fluchte ständig und strengte sich kaum noch an. So wuchsen seine Schulden. Es war kurz vor dem Jahreswechsel – es lag noch ein langer Winter vor ihnen, doch die Vorräte neigten sich bereits dem Ende zu, und seine Frau wusste schon gar nicht mehr, wie sie die Suppe noch strecken sollte.

In seiner Verzweiflung packte Kaspar sein Werkzeug zusammen und beschloss, damit in die Stadt zu ziehen. Er hoffte, dort eine Arbeit zu finden, mit der er ein paar Münzen hinzuverdienen konnte, denn als Bauer war um die kalte Jahreszeit nichts zu holen. Er fand sogar einen Kaufmann, für den er ein paar Scheite Holz hacken und die zugigen Fenster mit Stroh abdichten sollte. Aber als es ans Bezahlen ging, drückte der ihm bloß einen verkohlten Brotlaib in die Hand, den der Bäcker hatte anbrennen lassen, und jagte ihn dann davon.

Von Hunger und Kälte getrieben, irrte er durch die Stadt und wusste gar nicht recht, dass es ausgerechnet die letzte Nacht des Jahres war, die Silvesternacht. So geriet er zum Fuß des Burgfelsens. Am sogenannten Ölberg ließ er sich nieder, legte den Kopf in den Nacken und besah sich die Burg.

„Denen da oben geht es bestimmt besser als mir", haderte er. „Die schmausen und prassen, und es kümmert sie nicht, dass Unsereiner verhungert! Ach, wenn der Herr sich doch auch einmal um einen armen Schlucker wie mich kümmern tät. Und wenn schon nicht der Heilige, dann der Unheilige – mir wär's gleich!"

Mit diesem gemurmelten Gedanken schlief er ein und hatte einen unruhigen Traum. Oder war es gar kein Traum? Stand da wirklich einer in Jägertracht vor ihm? Käsebleich und finster und blickte ihn mit nur einem Auge an?

„Was hockst du in der Eiseskälte herum und bist nicht bei den Deinen, um das neue Jahr zu begrüßen?"

„Ach weh", jammerte der Kaspar, „die Meinen sind ohne mich viel besser dran. Ich habe nichts und bringe nur Unglück!"

„So, so – nun, vielleicht lässt sich das ändern, wenn du den Richtigen darum bittest?"

„Seid Ihr der Richtige? Dann bitt ich Euch, helft mir! Ich bin zu allem bereit!"

„Ich verlange gar nicht viel", sagte der einäugige Jäger. „Du musst bloß schweigen können!"

„Alles, alles, was du verlangst!", beeilte sich Kaspar zu versprechen.

„Gut, dann geh nach Hause und hole von deinem Nussbaum, was dort noch zu holen ist und du wirst ausgesorgt haben für den Rest deines Lebens. Aber denke stets daran, kein Sterbenswort von unserem Geschäft zu verraten. Nicht heute, nicht morgen, nicht in einem Jahr. Weder deinem Dorf noch deinem Weib!"

„Nein, nein, ganz bestimmt nicht!", schwor Kaspar.

„Besser für dich, sonst kehrt deine Armut doppelt und dreifach zurück, zu dir und zu allen, die davon wissen. Sieh „mich" an! Selbst nach deinem Tod würdest du keine Ruhe finden!"

Der arme Bauer hörte die Warnung wohl, aber die Aussicht war so verlockend, dass er sie leicht hinnahm.

Rasch machte er sich auf den Heimweg und erreichte seine Hütte, noch bevor die Sonne aufgegangen war. Schlaftrunken blinzelte seine Frau, als er in die Kammer trat, und war noch nicht recht ansprechbar, doch das kam dem Kaspar sehr zupass. So konnte er sich ungestört gleich zu seinen Nussbäumen begeben.

Im Halbdunkel war es gar nicht so einfach, die Früchte zu finden, die er im letzten Herbst hängen gelassen hatte, weil ihm die Ernte der oberen Äste zu mühsam gewesen war. Von den Verheißungen des Einäugigen beflügelt, gab er diesmal nicht auf, sondert sammelte tatsächlich eine ganze Handvoll Nüsse herunter, obwohl die Leiter schwankte und wackelte.

Wie groß war da seine Enttäuschung, als er sie im Feuerschein der Stube näher betrachtete und sie sich doch nur als schwarze, vergammelte Früchte herausstellten. Er war auf einen Scharlatan hereingefallen. Davon würde er ganz gewiss niemandem erzählen! Er stopfte die Nüsse tief in seine Jackentasche und legte sich anschließend beschämt in sein Bett.

Erst kurz vor der Mittagsstunde rüttelte seine Frau ihn wach. „Steh auf, Faulpelz! Hast du aus der Stadt denn gar nichts Brauchbares mitgebracht? Wir verhungern hier, und du hast wahrscheinlich jeden verdienten Groschen gleich wieder durchgebracht!"

Er mochte ihr nicht Recht geben und wühlte – mehr aus Verlegenheit – in seinen Taschen. Da spürte er die Nüsse. Erstaunlich hart und wohlgeformt kamen sie ihm vor, er zog eine heraus und staunte nicht schlecht: Donnerwetter, sie war aus purem Gold!

„Ha-ha-hast du etwa gestohlen?", seine Frau bekreuzigte sich vor Schreck.
„Wo denkst du hin?", beruhigte Kaspar sie rasch. „Ich habe – wie soll ich sagen – eine Erbschaft habe ich gemacht. Jawohl! So war das! Freu dich mit mir!"

Seine Frau runzelte zwar die Stirn, gab sich aber fürs Erste zufrieden, denn ab da zog der Wohlstand bei ihnen ein.

Kaspar hatte die Nüsse zum Goldschmied gebracht und sie waren tatsächlich alle aus echtem Gold. Er konnte seine Schulden bezahlen, seinen Hof vergrößern und sogar mehrere Knechte einstellen, die für ihn arbeiteten. Die Veränderungen beim Nusskaspar blieben im Dorf natürlich nicht verborgen, und Gerüchte machten sich breit. Die Leute bedrängten den neuen Großbauern, das Geheimnis seines Reichtums zu lüften. Auch ihnen erzählte er von der Erbschaft. Manch einer glaubte es – andere nicht. Vor allem bei seiner Frau wuchsen die Zweifel.

„Wer ist dir denn gestorben, der dich so großzügig bedacht hat?"
„Kennst du nicht."
„Wieso nicht, wir sind doch immerhin mehr als 20 Jahre verheiratet. Was hältst du noch alles vor mir geheim? Und warum hat dein Gönner uns nicht vorher schon geholfen, als wir in Not waren?"

Mit solchen und noch mehr Fragen bedrängte sie ihn. Immer weniger wusste Kaspar eine Antwort, und die ständigen Ausflüchte und Lügen verleideten ihm schließlich immer mehr seinen Schatz.

Bis ihm eines Tages, nach einem üppigen Festgelage, die Zunge so locker saß, dass er ihr die Wahrheit verriet: „Wenn du's also unbedingt wissen musst, wer uns reich gemacht hat: der Satan war's, im Gewand des einäugigen Jägers am Ölberg."

Im selben Moment, in dem er es ausgesprochen hatte, knackte es über ihnen im Gebälk, ihr neues Haus fing an, zusammenzubrechen. Sie liefen hinaus und mussten mitansehen, wie innerhalb von Sekunden die Ernte auf den Feldern verdorrte und alle Lagerschuppen niederbrannten.

„Tu doch was!", schrie die Frau.

Kaspar öffnete hektisch seinen Geldbeutel: Alle Gold- und Silberstücke hatten sich in verfaulte Walnussschalen verwandelt.

Da rannte er um sein Leben. Hin zum Ölberg und fiel auf die Knie. Er jammerte und flehte um Vergebung. Nach einer schier endlosen Weile erschien der Einäugige. Als er den Kaspar so jämmerlich vor sich kauern sah, fing er schallend an zu lachen: „Ich hab schon befürchtet, du würdest durchhalten!"

Mit einem kräftigen Tritt beförderte er Kaspar in sein Grab, beugte sich aber noch einmal zu ihm hinunter und drückte ihm einen Korb mit goldglänzenden Walnüssen in die Hand. „Jedes Jahr in der Silvesternacht kannst du versuchen, deine Schuld loszuwerden und sie jemand anderem verkaufen, bis dahin bleibt dir ein verfluchtes Geisterleben!"

Seither wird in jeder Nacht aufs neue Jahr ein Bauer in der Kleidung des Knoblauchslands gesichtet, der ruft: „Kauft! Kauft Nüsse! Echt goldene Nüsse!“

Ihr glaubt die Geschichte nicht? Dann traut euch raus am 31. Dezember zur Geisterstunde am Ölberg. Aber nehmt ihm besser nichts ab, dem Nusskaspar, so golden die Nüsse in seinem Korb auch aussehen mögen, er sucht doch nur ein neues Opfer, das an seiner statt dem Bösen dient.

Auch heute noch nennt man das fruchtbare Gebiet vor den Toren Nürnbergs Knoblauchsland. Anders als der Name vermuten lässt, wird hier nicht nur Knoblauch angebaut, sondern zahlreiche Gemüsesorten. Es ist sogar eine der größten zusammenhängenden Landflächen für Gemüseanbau in Deutschland und das immerhin schon seit dem 8. Jahrhundert. Ein perfektes Ziel für Ausflüge!

Wem kommt der Ölberg bekannt vor? In der Tat hat der Nürnberger Ölberg sein Namensvorbild in der Stadt Jerusalem. Denn am sogenannten Pilatushaus, mit seinem feinen Fachwerk und der Figur des heiligen Georg am Eck, beginnt nämlich der Kreuzweg des Nürnberger Künstlers Adam Kraft, dem man durch das Tiergärtnertor über die Burgschmietstraße bis zum Johannisfriedhof folgen kann. Auf dem Friedhof liegen zahlreiche bekannte Persönlichkeiten begraben – ob auch der Nusskaspar dort inzwischen Ruhe und Frieden gefunden hat?

Der Kaiser und der Maler

Künstler hatten es auch in früheren Zeiten nicht immer leicht. Oft nagten sie sprichwörtlich am Hungertuch, weil zu ihren Lebzeiten niemand ihre Werke sehen oder hören wollte. Deutlich anders verhielt sich das bei Albrecht Dürer. Er galt nicht nur in Nürnberg, sondern weit über die Grenzen hinaus als großer Maler, Grafiker, Kunstgelehrter und sogar Mathematiker.

Ihm war das Glück zuteil, in Kaiser Maximilian I. einen Bewunderer und Förderer gefunden zu haben, der sich das auch leisten konnte. Als sein Mäzen zahlte der Kaiser dem Maler sogar eine jährliche Summe. Das bedeutete im Gegenzug, dass der Kaiser Albrecht Dürer bevorzugt damit beauftragte, für ihn zu malen. Portraits von ihm und seiner Familie, aber auch die Ausstattung seiner Gemächer wünschte der Kaiser sich regelmäßig von „seinem" Maler.

So standen diesmal große Wandgemälde für seinen Saal an, die den Siegeszug des Kaisers darstellen sollten. Wie jeder Herrscher wollte auch Maximilian seine Geschichte natürlich entsprechend ins rechte Licht rücken. Deshalb hatte er ein Auge auf die Kunst und kam bei seinem Besuch in Nürnberg fast täglich mit zahlreichem Gefolge vorbei, um sich von dem Fortschritt im Saal zu überzeugen. Ihm gefiel sehr, was Albrecht Dürer malte.

„Werter Meister, Ihr habt Euch wieder einmal selbst übertroffen! Meine Rüstung glänzt schöner als sie es in jener Schlacht in Wirklichkeit tat. Allerdings bei den Figuren direkt oben unter der Decke muss ich Euch um eine kleine Korrektur ersuchen. Es waren Reiter mit Lanzen und keine Bogenschützen, die uns von dort aus bedrohten!"

„Das ändere ich umgehend, Eure Majestät", erwiderte Dürer und sah sich sofort nach einer Leiter um. Er fand auch eine, allerdings war sie etwas zu

kurz, um bequem an besagte Stelle heranzureichen. Da er aber den Kaiser nicht mit langer Suche ermüden wollte, lehnte er sie trotzdem an die Wand, stieg behände mit einem Stückchen Kohle in der Hand nach oben, stellte sich auf Zehenspitzen auf die oberste Sprosse und begann die Veränderung direkt auf die Stelle zu skizzieren. Da fing die Leiter gar fürchterlich unter ihm an zu schwanken.

„Gebt acht, Meister Dürer, dass Ihr mir nicht herunterfallt!", rief der Kaiser erschrocken. Der Maler war aber völlig in seine Kunst versunken und geriet immer weiter und gefährlicher ins Schlingern, weshalb der Kaiser sich nach einer anderen Lösung umsah. Er winkte sich einen aus seinem Gefolge heran.

„Tretet hinzu und haltet mir gut die Leiter fest!", befahl er.

Doch völlig überraschend weigerte sich der Angesprochene.

„Wie käme ich, ein Edelmann von hohem Rang, dazu, einem gewöhnlichen Bürger zu dienen? Müsste das nicht andersherum sein? Für solch niedere Aufgaben gibt es doch Diener!"

Der Kaiser zog überrascht und durchaus erbost eine Augenbraue hoch und griff dann beherzt selbst zu der Leiter.

„Seht genau hin! Zweifelsohne bin ich als Kaiser derjenige mit dem höchsten Rang im Raum und dennoch sehe ich nichts Verwerfliches in diesem Tun!"

Als Dürer seine Skizze vollendet und wohlbehalten wieder herabgestiegen war, ließ der Kaiser sich von ihm noch einmal zu jenem Edelmann begleiten und stellte seinen Maler vor.

„Blickt Euch um! Albrecht Dürer ist mit seiner Kunst ein Herr und Fürst, der seinesgleichen sucht. Unter hundert Edelmännern finde ich keinen wie ihn. Aber wenn ich es will, kann ich aus jedermann einen Edelmann machen!"

Mit diesen Worten griff er nach seinem Schwert und zog es aus der Scheide. Dann wandte er sich an den Maler. „Meister, erweist mir die Ehre und kniet nieder!“

„Verfügt über mich, Eure Majestät!“, sagte Dürer verwirrt, beugte aber gehorsam das Knie.

Der Kaiser berührte, wie es Brauch war, die beiden Schultern und den Kopf des Malers mit der flachen Klinge und sprach: „Erhaltet diesen Schlag und fürderhin keinen mehr! Steht auf als Ritter des Reiches!“

Überrumpelt und überwältigt von der Ehre erhob Dürer sich wieder.

„Wer bin ich nun, da ich Euer Majestät Ritter geworden bin?“, fragte er. „Was habe ich für Eure Majestät zu tun?“

Der Kaiser lächelte. „Behaltet Euren Namen, Ihr habt ihn Euch bereits verdient – und er adelt Euch. Eure Farbe wiederum soll das Blau des Himmels sein! Ansonsten bitt ich Euch um nichts mehr, als mir weiter Eure Kunst zu schenken!“

So kam es, dass aus dem Maler Albrecht Dürer der Malerfürst wurde, der er vorher schon gewesen war. Zu Recht spricht man noch heute seinen Namen mit Hochachtung aus. Von dem Edelmann, der Dürers Leiter nicht festhalten wollte, weiß heute niemand mehr, wie er geheißen hat!

Albrecht Dürer gilt auch heute noch als einer – wenn nicht sogar als „der“ bedeutendste Maler Deutschlands. Über viele historische Ereignisse kann man sich ein Bild machen, weil er sie malte.

Man darf an dieser Stelle nicht vergessen, dass es damals noch keine Fotos gab. Gemälde waren also nicht nur Schmuck, sondern erzählten eben gleichzeitig Geschichte.

Berühmt ist Dürer auch für realistische Bilder wie den Feldhasen, das Eichhörnchen und seine Selbstbildnisse. Als es noch D-Mark in Deutschland gab, zierte den 5-DM-Schein sein Porträt einer Venezianerin – und den 20-DM-Schein sein Porträt von Elisabeth Tucher. Auf Schritt und Tritt begegnet man ihm in Nürnberg und kann sich sogar im ehemaligen Wohnhaus von seiner „Ehefrau Agnes“ herumführen lassen. Sie weiß über ihren Gatten die eine oder andere Anekdote zu erzählen!

Das Nürnberger Findelkind

Einst war ein Schuhmacher in Begleitung seines Gesellen auf dem Heimweg. Sie unterhielten sich gerade über eine schwierige Kundschaft, als ihnen auf dem Unschlittplatz eine merkwürdige Gestalt auffiel.

Der Geselle stieß seinen Meister an: „Schau dir den an – der Tag ist noch hell, und er ist schon betrunken für zehn!"

„Hm", brummte der Meister. „Für so einen Zustand ist er noch arg jung, jünger als unser Lehrbursch würd ich schätzen!"

Der Junge konnte sich in der Tat kaum auf den Beinen halten, schirmte sich gleichzeitig immer wieder mit der Hand die Augen ab, als würde das Sonnenlicht ihn blenden. Er war auffällig blass, seine Kleidung war zerrissen und saß zu eng, obwohl er dürr und ausgemergelt war.

„Vielleicht braucht er Hilfe?", überlegte der Geselle.
Die beiden Schuhmacher traten näher und riefen ihn an: „He, Bursche! Ist dir nicht gut?"

Mit weit aufgerissenen, glasigen Augen sah der Junge sie an. Statt einer Antwort, streckte er ihnen einen Brief entgegen. Der war an einen Rittmeister der Kavallerie in Nürnberg adressiert.

„Wohnst du dort?", fragte der Schuhmachermeister.
Doch auch diesmal bekam er eine andere Antwort als erwartet, vorgetragen mit monotoner Stimme: „Ein solcher Reiter möchte ich werden, wie mein Vater einer war."
„Wie du meinst", entgegnete der Schuhmacher, „dann bringen wir dich eben zum Rittmeister."

Auf dem ganzen Weg sprach der Junge kein weiteres Wort, wusste nicht einmal zu erklären, wie er hieß und woher er kam. Die beiden Schuhmacher waren froh, ihn dem Rittmeister überlassen zu können.

Dem überreichte der Junge zwei Briefe und wiederholte ansonsten nur immer und immer wieder seinen Satz, als könne er keinen anderen: „Ein solcher Reiter möchte ich werden, wie mein Vater einer war. Ein solcher Reiter möchte ich ..."

Der Rittmeister las unterdes die Zeilen:

„Das Kind wurde gefunden und ist Kaspar getauft.
Sein verstorbener Vater war bei der Kavallerie.
Da sollt er nun auch aufgenommen werden. (...)"

Weder der Verfasser des einen, noch des anderen Briefs gab sich namentlich zu erkennen, was den Rittmeister ziemlich irritiert hinterließ.

„Du heißt also Kaspar?", fragte er den Jungen. Aber nicht einmal das konnte der bejahen. Eine Weile versuchte der Rittmeister noch, etwas aus ihm herauszubekommen, aber er war kein geduldiger Mann und ließ schließlich nach der Polizei schicken.

Die nahmen den Jungen mit auf die Wache und versuchten es weiter: Woher er denn kam? Oder wer ihm diese Briefe gegeben hatte? Da auch die Polizei weder Antworten erhielt noch einen Rat wusste, steckte man ihn kurzerhand in eine Zelle im Turm „Luginsland". Immerhin hatte der Wärter dort genug Herz, ihm etwas zu essen anzubieten. Aber was man ihm auch vorsetzte, Kaspar beäugte es nur skeptisch und presste die Lippen zusammen. Erst, als er einen Krug Wasser und ein Stück Brot sah, die eigentlich für richtige Gefangene gedacht waren, griff er zu.

„Seltsam", fand der Wärter. „Als ob er das andere gar nicht als essbar kennen tät ..."

Das kam der Wahrheit sehr nahe. Der junge Kaspar fühlte sich offensichtlich in der engen Zelle mit Brot und Wasser viel wohler als vorhin auf der Straße. Immer noch benahm er sich wie ein Dreijähriger im Körper eines Fünfzehnjährigen, aber er atmete ruhiger, sah sich nicht mehr ständig hektisch um und schlief nach einer Weile sogar ein.

„Als wäre das Gefängnis seine vertraute Umgebung", brummelte der Wärter.

Wie ein Lauffeuer sprach sich die Neuigkeit von dem Findeljungen herum. Ein paar Menschen wollten helfen, doch die Mehrheit kam einfach nur, um ihn zu begaffen oder noch schlimmer, um ihn zu hänseln. Den Halbwilden, der nicht einmal seinen eigenen Namen kannte.

Endlich nahm der Lehrer Georg ihn bei sich auf und brachte ihm richtig sprechen, schreiben und lesen bei. Kaspar lernte überraschend schnell. Inzwischen nannte man ihn Kaspar Hauser. Schon bald konnte Kaspar berichten, was ihm widerfahren war und das machte ihn nur noch rätselhafter.

„Ich war eingesperrt, seit ich denken kann. Keinen Menschen habe ich je gesehen!"

„Aber jemand muss dir doch Nahrung und Kleidung gebracht haben", wunderte sich sein Lehrer Georg.

„Immer nur nachts, wenn ich geschlafen habe. Manchmal sah ich noch einen dunklen Schatten, mehr nicht", erklärte Kaspar. „Wenn ich's recht bedenke, war wohl ab und an etwas in meinem Wasserkrug, das mich besonders lange schlafen ließ. Und wenn ich dann wieder aufwachte, waren meine Haare und Nägel geschnitten und manchmal trug ich ein anderes Hemd."

Je mehr solcher Einzelheiten er erzählte, desto mehr Aufmerksamkeit wurde ihm zuteil. Die Leute raunten sich zu: „Das ist er, der Hauser, der vorher nie die Sonne oder den Mond gesehen hat!" oder: „Habt ihr's schon gehört? Der arme Tropf soll zur Beschäftigung nur zwei Holzstücke gehabt haben, mit denen er spielte, als wären es Pferdchen!"

So wuchs Kaspar weiter heran.

Die ehrenwerten Gönner, bei denen er unterkam, wechselten von Nürnberg bis Ansbach. Aber ob sie es wirklich alle gut mit ihm meinten? Vielleicht sonnte sich der ein oder andere bloß in seinem Ruhm? Denn war Kaspar Hauser bei seinem Auftauchen noch sehr scheu gewesen, gewöhnte er sich mit den Jahren an das Interesse seiner Umgebung. Ließ es nach, gab er etwas Neues preis und schon waren ihm die Zuhörer wieder sicher.

Längst galt ihre Neugier auch seiner Herkunft. Man munkelte: „Ein Erbprinz ist er! Vertauscht haben sie ihn, damit seinen Thron ein anderer bekommt!“ Es gab aber auch welche, die behaupteten „Er ist bloß ein Scharlatan, ein Betrüger, der uns nur etwas vormacht!“

Kaspar selbst berichtete nun immer häufiger von dunklen Gestalten, die ihn verfolgten. Auf der Straße oder sogar bis an die Haustür. Die Polizei suchte die Verfolger, konnte aber weder Spuren noch sonst irgendwelche Beweise finden. Die Stimmen, die Kaspar eine blühende Fantasie unterstellten, wurden lauter.

Bis – bis er eines Tages blutüberströmt von einem Spaziergang zurückkehrte. „Im Park – Unbekannter“, stammelte er. „Ein, ein Beutel – ich griff – plötzlich ein Messer ...“

Umgehend wurden Kaspars tiefe Stichwunden versorgt. Die Polizei durchsuchte den Park und fand tatsächlich einen lilafarbenen Samtbeutel. Darin ein Zettel, verfasst in Spiegelschrift, auf dem sinngemäß zu lesen war:

„Hauser könnte euch erzählen, wie ich aussehe und woher ich bin. So sage ich es selber – von der Baierischen Gränze, am Fluße, der Name ist M. L. Ö.“

Im Gebüsch spürte man dann sogar noch die Tatwaffe auf, den doppelschneidigen Dolch, mit dem Kaspar Hauser verletzt worden war. Das alles nützte dem armen Findelkind nichts mehr, seine Wunden waren zu tief, er verstarb ein paar Tage später – allein und immer noch ohne Herkunft.

Diese rätselhafte Geschichte trug sich im Mai 1826 wirklich zu und geht bis heute den Menschen weit über Nürnbergs Stadtgrenzen hinaus zu Herzen.

Gestorben ist Kaspar Hauser in Ansbach, aber sein Mythos lebt weiter. Bis heute ist nicht zweifelsfrei geklärt, wer er war und woher er stammte. Ein badischer Prinz wahrscheinlich nicht, aber vielleicht aus einem anderen Adelshaus? Oder war er doch Sohn eines Soldaten? Steht das „Ö“ in der letzten Nachricht möglicherweise für Ölsberg an der Grenze zwischen Bayern und Tirol? Sind „M. L.“ die Initialen seines Mörders?

Eine Gedenktafel am Unschlittplatz Nummer 8 erinnert an sein erstes Auftauchen. Aber man findet auch noch zahlreiche andere Spuren – den Turm Luginsland, die Stelle, wo das Haus des Rittmeisters stand, ein Wohnhaus, in dem er lebte – Kaspar Hauser bleibt Nürnbergs größtes Geheimnis!

Das Märchen von der ewigen Liebe

„Es ist an der Zeit, unsere Klara zu verheiraten", verkündete ihr Vater beim Abendmahl. Klara wurde es heiß und kalt zugleich. Es war üblich, dass der Vater ihren künftigen Gemahl aussuchte. Häufig war es ein gutes Geschäft mit einer anderen wichtigen Familie Nürnbergs, mit der man enger verbunden sein wollte. Dennoch war ihr mulmig zumute, immerhin musste sie mit dem Auserwählten zusammenleben. Tags darauf berichtete sie ihrer engen Freundin Agnes, was ihr bevorstand.

„Bitte doch deinen Vater darum, wenigstens ein Wörtchen mitreden zu dürfen bei seiner Wahl. Er schlägt dir doch selten etwas ab!"

Beim nächsten gemeinsamen Spaziergang beherzigte Klara den Rat. „Ach, lieber Vater, ich weiß, du meinst es gut, aber könnt ich nicht ebenfalls einen eigenen Blick auf die Bewerber werfen? Und stünden zwei zugleich zur Auswahl, würdest du mich wählen lassen? Ich bitte dich ganz innig darum!"

Der Vater betrachtete seine schöne Tochter, und da er sein Kind von Herzen lieb hatte, willigte er ein: „Dies ist zwar ungewöhnlich, aber du mögest unter den Anwärtern die letzte Wahl treffen."

In den darauffolgenden Wochen sprachen einige junge Männer vor – stets in Begleitung ihrer männlichen Verwandten. Die meisten beachteten Klara gar nicht recht, sondern wandten sich nur an ihren Vater.

Aber einer war dabei, der kam allein. Er brachte Klara sogar etwas mit und lächelte verschmitzt, als er ihr das wunderschöne Sträußchen aus hellrosa Rosen überreichte. Das gefiel Klara, außerdem hörte sie seiner sonoren Stimme gerne zu.

„Mit dem könnte ich es schon gut aushalten", dachte sie.

Und als der Vater sie fragte, gab sie ihm eben diese Auskunft. Der Vater runzelte die Stirn: „Bist du dir sicher? Der Hans ist fast doppelt so alt wie du! Die anderen Bewerber sind alle viel jünger!"

Doch Klara blieb dabei und so wurde schon bald Hochzeit gefeiert. Diesmal trug die Braut ein üppiges Bouquet aus weißen Rosen. „Als Zeichen meiner reinen Liebe zu dir", sagte Hans, als er ihr den Strauß überreichte.

Es war ein glücklicher Tag für beide Eheleute, dem noch viele weitere folgten! Klara bereute ihre Wahl nie! Hans war ein kluger und liebenswerter Mann, außerdem hatte er Humor und liebte Klara so innig wie sie ihn.

Auf allen Gesellschaften waren sie gern gesehene Gäste und luden oft selbst zu Feierlichkeiten ein. Es waren unbeschwerte und fröhliche Jahre, die ein jähes Ende fanden.

Unerwartet verstarb Hans viel zu früh und hinterließ Klara als trauernde Witwe. Als wenig später auch ihre Freundin Agnes von ihr ging, haderte Klara schwer mit dem Schicksal. Sie verließ kaum noch das Haus. Nur die Messen in der nahen Lorenzkirche besuchte sie täglich, um in der Ruhe ein wenig Trost zu finden. Besonders die morgendliche Frühmesse, die vor allem unter der Woche meist wenige Besucher anlockte, war für Klara zum Ritual geworden, um ihren verlorenen Liebsten nahe zu sein.

Auch an diesem Tag hatte ein Glockenläuten sie geweckt. Klara schreckte im Bett hoch. Hatte sie etwa den Morgengottesdienst schon verpasst? Sie spähte durch einen Spalt im Vorhang zum Fenster hinaus. Es war noch dunkel, was aber im November zu Allerseelen nicht weiter verwunderlich war. Der Glockenschlag rief eindeutig zum Kirchgang.

In aller Eile kleidete sie sich an, griff ihren Mantel und überquerte die Straße auf die Kirche zu. Sie hatte Glück, noch stand das schwere Portal offen, also schlüpfte Klara hinein und setzte sich rasch in eine der hinteren Reihen.

Um sie herum knieten alle in den Bänken und schienen ins Gebet vertieft. Überraschend gut besucht war diese Messe! Mit dem letzten Glockenschlag fiel die Pforte mit dumpfem Poltern zu. Der Pfarrer trat zum am Altar und begrüßte die Gemeinde.

Klara musterte ihn irritiert. Sie erkannte ihn wohl: Das war Pfarrer Laurentius, aber war der nicht vor mehr als drei Monaten gestorben? Und wieso war es um sie herum weiterhin so düster, obwohl unzählige Kerzen brannten? Scheu blickte Klara zu ihrer Banknachbarin. Was hatte sie bloß für dürre Finger? Der Gesang setzte ein, aber er klang überirdisch hoch wie nicht von dieser Welt.

Da drehte sich eine Gestalt in der Reihe vor Klara um, schlug ihre Kapuze zurück und entblößte ihren blanken Schädel! Nur an der Stimme erkannte Klara ihre Freundin, die ihr zuraunte: „Was störst du die Messe der Toten? Verschwinde rasch, bevor dir ein Unheil geschieht!"

Endlich begriff Klara, dass es kein gewöhnlicher Gottesdienst war, in den sie hineingeraten war. Es war noch gar nicht Morgen, sondern mitten in der Nacht – Mitternacht, die Stunde der Geister!

Sie raffte ihre Gewänder und stolperte auf den kleinen Seitenausgang zu, der zum Friedhof führte. Knarrend öffnete sie die Holztür, trat hinaus und blieb wie vom Donner gerührt stehen. Das konnte doch nicht wahr sein! Alle Gräber waren geöffnet!

Jemand berührte sie von hinten an der Schulter. Von wilder Panik ergriffen, floh Klara über den Friedhof. Doch nun zerrte es von allen Seiten an ihrem Mantel, nach links, nach rechts und rückwärts wurde sie gerissen.

In ihrer Not blieb ihr nichts anderes übrig, als den Mantel abzuwerfen und weiterzurennen. Immer weiter und weiter, bis sie kaum noch Luft bekam. Gerade so schaffte sie es über den Hof und durch das schmiedeeiserne Tor. Mit letzter Kraft schleppte sie sich über die Straße und brach dann vor der eigenen Haustür zusammen.

Dort fand man sie in den frühen Morgenstunden. Man brachte sie in ihre Gemächer und kopfschüttelnd lauschten die Dienstboten ihren wirren Erzählungen.

Da Klara ihnen aber als bescheidene und wahrhaftige Frau galt, ging doch ein Knecht los, um den Mantel seiner Herren zu holen. Obwohl zur Mittagsstunde nun alles im Hellen lag, kroch die Furcht dem Knecht über den Rücken, als er den Mantel seiner Herrin in Stücke gerissen vorfand. Ein Fetzen davon hing auf jedem geschlossenen Grab.

Nur auf dem Grab ihres verstorbenen Mannes fand sich keines der gruseligen Andenken. Stattdessen lag dort eine einzelne rote Rose. So frisch und schön als wäre sie gerade erblüht – wie ein kleines Wunder um diese Jahreszeit. Diese Blume brachte der Knecht seiner Herrin.

Klara erkannte in der Rose den letzten Gruß ihres Mannes und nahm ihn gerührt und voller Dankbarkeit entgegen. Von jener Geisterstunde an wusste sie, dass sie noch nicht bereit war für den Tod. Sie kehrte zurück ins Leben und begann es wieder zu schätzen, weil sie nun wusste, dass die ewige Liebe auch danach auf sie warten würde.

Heute sucht man den Friedhof um die Lorenzkirche vergeblich. Während der Pest hatte man begonnen, außerhalb der damaligen Stadtmauern zu begraben. Ob man sich aber zur Geisterstunde vor Allerseelen in die Kirche wagen kann?

Auch St. Lorenz ist inzwischen eine evangelische Kirche, nach wie vor gibt sie dem Altstadtteil südlich der Pegnitz ihren Namen – die Lorenzer Altstadt; der nördliche Teil heißt nach St. Sebald.

Nicht nur der Liebe wegen lohnt ein Blick in die Kirche, denn es grüßt von der Decke hängend – manche finden auch schwebend – der berühmte Engelsgruß (auch bekannt als Englischer Gruß) von dem streitbaren Künstler Veit Stoß.

Eine Schachtel fürs Christkindle

Was war das für ein herrlich, buntes Treiben auf dem Hauptmarkt, wenn die Marktleut ihre Waren feilboten. Längst kamen nicht nur die Nürnberger und die Bauern aus dem Knoblauchsland herbei, sondern es trafen Händler aus fernsten Ländern ein, die exotische Güter mitbrachten. So duftete es unter anderem herrlich nach Gewürzen wie Zimt, Nelken und Kardamom. Die findigen Lebküchner hatten daraus zusammen mit Nüssen, Honig und weiteren geheimen Zutaten die ersten echten Nürnberger Lebkuchen gebacken, die zu Vorboten einer ganz besonderen Jahreszeit wurden – der Adventszeit.

Die Händler am Markt hatten erkannt, dass in den Wochen vor Weihnachten ganz andere Waren gefragt waren als unterm Jahr. Deshalb boten sie allerlei zusätzlichen Tand an, der sich gut verschenken ließ: Geschirr, Stoffe, Schmuck und sogar Puppen konnte man bekommen. So mauserte sich der Markt nach und nach ab dem Barbaratag zum Weihnachtsmarkt. Was für die einen eine Vorfreude, war für die anderen eine Zeit voller Sehnsucht.

In jenen Anfängen des „Kindles-Marcks“ wurde Johanna, die Tochter einer Magd losgeschickt, um für die Herrschaft einzuholen. Der erste Schnee ließ noch auf sich warten, jedoch musste sie ihren Wollumhang eng um sich wickeln, weil es so frostig war. Trotz der Kälte war einiges los. Viele Menschen tummelten sich zwischen den Ständen und manche schienen es gar nicht recht eilig zu haben. Sie reckten neugierig die Köpfe unter die Planen, die die Waren vor Wind und Wetter schützen sollten und hielten sogar ein Schwätzchen mit den Händlern. Was umso erstaunlicher war, da doch rund um Nürnberg herum Krieg herrschte. Das hatte Johanna zumindest von ihrem Herrn aufgeschnappt, der deshalb ziemlich besorgt gewirkt hatte. Davon war hier aber nichts zu spüren.

Sie schaffte es mit einiger Mühe, sich zu den Viktualien durchzuschlängeln, und erstand die gewünschten Lebensmittel: Geflügel und den Winterlauch. Nun sollte sie noch eine kleine Extrabesorgung machen, die hatte der Herr ihr höchstpersönlich aufgetragen, mit verschwörerisch gesenkter Stimme: „Geh zur Erbsin und sag, du willst das Bestellte abholen! Lass es dir einschlagen, versteck es gut in deiner Kitteltasche und übergib es niemand anderem als mir, hast du verstanden?"

Johanna nickte: „Jawohl Herr, niemand anderem als Euch!"

Als sie nun mit ihrem Korb beladen beim Stand der Erbsin anlangte, kam sie aus dem Staunen kaum heraus. Wo sonst nur einfache Holzbottiche, Schüsseln und Tröge zu kaufen waren, gab es nun kleine zierliche Schächtelchen in verschiedenen Formen – viereckig, rund, oval und sogar herzförmig. Bunt bemalt waren sie, mit Motiven wie Johanna sie noch nie vorher gesehen hatte.

„Ach, sind die schön!", entfuhr es dem jungen Mägdelein.
Die Händlerin lächelte. „Es freut mich, wenn dir unsere Spanschachteln gefallen. Sie sind in bester Qualität gefertigt und handbemalt!"

Johanna konnte gar nicht anders, als jede genau zu betrachten. Am besten gefiel ihr ein ovales Schächtelchen mit einer Tulpe und Stiefmütterchen verziert.

„Was ist das Rote in der Mitte?", fragte sie nach.
„Das ist ein Granatapfel, Liebes, eine weit gereiste Frucht mit harter Schale und süßen Kernen!"
„Ein Granatapfel, Granat ... apfel?", echote Johanna voller Ehrfurcht.
„Möchtest du das Schächtelchen gerne haben?", fragte die Händlerin.

Johanna schlug die Augen nieder. Für ihr Leben gerne hätte sie das schöne Stück gekauft, aber sie musste erst gar nicht nach dem Preis fragen, um zu wissen, dass es bei dem Wunsch bleiben würde. Sie nannte keinen einzigen

Kreuzer ihr Eigen. Auch ihre Eltern würden niemals etwas für solch unnützes „Glump“ ausgeben, wie sie es nennen würden. Also schüttelte Johanna bloß heftig den Kopf und murmelte: „Ich soll nur die Bestellung für meine Herrschaft, die Harßdörffers, mitnehmen.“

Die Erbsin holte ein ebenfalls sehr hübsches hellblaues Kästlein, auf dem ein schmuckes Paar umrankt von Rosen abgebildet war. Ein wenig erinnerte es an die Eheleute Harßdörffer.

Das fand wohl auch der Herr des Hauses, als Johanna ihm das eingewickelte Päckchen wie versprochen heimlich übergab. „Über das Dingelchen wird sich meine Regina aber freuen, genau das Richtige für ihren Schmuck!“, lobte er.

Nur Johanna konnte sich gar nicht recht mitfreuen, obwohl sie sonst ein freundliches und liebenswertes Mädchen war. Aber sie hatte ihr Herz an das andere Schächtelchen verloren. In den nächsten Tagen bis Weihnachten übernahm sie freiwillig jeden Einkauf und Botengang. So fand sich immer wieder ein Grund, zum Markt zu gehen und mit einem kleinen Schlenker am Stand der Erbsin vorbeizukommen. Johanna hielt sich nie lange auf, schielte nur kurz, ob das Herzensstück noch da wäre, und erledigte dann, was zu erledigen war.

Trotzdem bemerkte die Erbsin sie. Und wusste wohl, weswegen das Mädchen an ihr vorbeischlich. Aber was sollte sie tun? Sie war eine Händlerin und lebte von ihren Waren. Sie konnte sie doch nicht einfach verschenken, bloß weil der Blick eines Kindes gar so sehnsüchtig war.

Dennoch rückte sie das Schächtelchen jedes Mal ein bisschen in den Hintergrund, wenn andere Kundschaft an ihrem Stand stehen blieb. Suchte eine Patrizierin sogar ganz gezielt nach einer Tulpenbemalung, fiel wie zufällig ihr Schal auf das ovale Stück, oder es verschwand kurzfristig sogar ganz unter ihrem Verkaufstisch. War die Kundin gegangen, ärgerte sie sich über sich selbst.

„Närrisches Weib, du zögerst die Enttäuschung doch nur hinaus! Bis zum Weihnachtsfest muss eben alles verkauft sein!“

Einen Tag vor dem Fest kam der Zauber von oben auf den Markt. Es fing an, dicke Flocken zu schneien, die sich wie eine weiße Decke über alles legten. Die Wachszieher zündeten ein paar ihrer Kerzen an und der Schein wurde so wunderschön vom Schnee widergespiegelt, dass der Lebküchner zu ihr herüberkam und ihr einen seiner besonderen Elisen reichte.

„Hier, für dich, Erbsin, s‘is doch Weihnachten!“

Während sie den köstlichen Lebkuchen aß, wurde ihr klar, was sie zu tun hatte. Der Weihnachtszauber musste weitergegeben werden. Den ganzen Tag hielt sie Ausschau nach dem Kind. Aber es kam nicht. Auch nicht am nächsten, der nun bereits der 24. Dezember war.

„Ach, hätt ich mein Herz nur früher gefunden“, schalt sich die Erbsin, denn sie kannte das Mädchen nur vom Sehen, wusste aber nicht genau, wo es zu finden war. Als sie bereits ihre restlichen Waren zusammengepackt hatte, um rechtzeitig in die Christvesper zu kommen, fiel ihr etwas ein. Sie schrieb ein paar Zeilen unten auf die Tulpenschachtel und rief einen Burschen heran, der eigentlich ebenfalls zur Kirche unterwegs war. Dem drückte sie einen Kreuzer in die Hand, damit er einen Umweg machte.

Trotz der besinnlichen Stunden mit ihrer Familie, schlief Johanna an jenem Weihnachtsabend mit einem Seufzer ein. Erst nach den Feiertagen wäre wieder Markt. Der ganz gewöhnliche Markt. Sie mochte gar nicht daran denken. Als sie am nächsten Morgen nach oben in den Salon gerufen wurde, rechnete sie mit allem, aber nicht mit dem kleinen Päckchen, das ihre Herrin ihr in die Hand drückte.

„Das ist gestern abgegeben worden, für das Mädchen im Haus, hieß es. Und das wärst dann wohl du!“

Mit zitternden Fingern schlug Johanna das Papier zur Seite. Eine Tulpe blitzte ihr entgegen, gefolgt von einem Granatapfel und ein paar Stiefmütterchen. Da rannen ihr die Tränen übers Gesicht. So glücklich war sie bisher noch nie gewesen! Und sie hütete die Schachtel über die Jahre wie ihren größten Schatz. Ihren Weihnachtsschatz!

Weit über den Köpfen der Menschen, von den Wolken, aus denen die Schneeflocken zur Erde gerieselt waren, beobachteten zwei Engel das Treiben. Sie hatten das Christkindle dazu geholt, damit es ebenfalls das kleine Weihnachtswunder miterleben konnte. Als das Christkindle Johannas Freudentränen sah, wandte es sich an seine beiden Begleitengel. „In Nürnberg gefällt es mir, dort haben sie das Herz auf dem rechten Fleck! Das soll von nun an meine Christkindlesstadt sein!"

Es gibt sie tatsächlich, die Spanschachtel aus dem Jahr 1628 mit der Tulpe, die beweist, dass es mindestens seitdem das „Städtlein aus Holz und Tuch" gibt. Wer also nicht gerade zur Vorweihnachtszeit Gelegenheit hat, über den echten Christkindlesmarkt zu schlendern, der kann sich das Schächtelchen im Germanischen Museum ansehen mit der Inschrift: Regina Susanna Harßdörfferin von der Jungfrau Susann Eleonora Erbsin (oder Elbsin) zum Kindles-Marck überschickt 1628.

Wobei davon auszugehen ist, dass der Markt sich, ähnlich wie in dem Märchen, bereits vorher nach und nach entwickelt hat. Für jeweils zwei Jahre schlüpft eine junge Nürnbergerin in das weiß-goldene Gewand mit den goldenen Flügelärmeln und übernimmt die Rolle des Christkinds. Alles wird still auf dem Platz, die Lichter erlöschen. Und dann erklingt aus schwindelnder Höhe der berühmte Prolog. Von der Empore der Frauenkirche eröffnet das Christkind den Markt. Es ist wieder Weihnachtszeit in Nürnberg!

Auf dem 5000 Quadratmeter großen Hauptmarkt findet unterm Jahr werktags ein großer Wochenmarkt statt, der während des Christkindlesmarkts in die Fußgängerzone umzieht.

Nürnberger Märchen

Der Raubritter Eppelein

Eppeleins Sprung

Das Glück am Schönen Brunnen

Der „grindige“ Heinz

Arm‘s Wöschdla oder: Auf die Wurst gekommen

Der übermütige Sackpfeifer

Die Feuertaufe

Die blaue Agnes im Sinwellturm

Eine Wette mit dem Teufel

Die Steckenreiter sind los

Die Glocken läuten in Nürnberg

Der Abstieg in den tiefen Brunnen

Till Eulenspiegel in Nürnberg

Die Nacht des Nusskaspars

Der Kaiser und der Maler

Das Nürnberger Findelkind

Das Märchen von der ewigen Liebe

Eine Schachtel fürs Christkindle